本书得到江西省一流专业（社会工作专业）、江西省一流学科统计学（社会统计方向）财政专项资金和国家社科基金青年项目"华裔新生代跨国文化回溯与身份认同研究"（13CSH059）支持。

Published by Teachers College Press, 1234 Amsterdam Avenue, New York, NY 10027

Copyright © 2007 by Teachers College, Columbia University

All rights reserved. No part of this publication may be reproduced or transmitted in any form or by any means, electronic or mechanical, including photocopy, or any information storage and retrieval system, without permission from the publisher.

First published by Teachers College Press, Teachers College, Columbia University, New York, USA. All rights reserved.

根据 Teachers College Press 2007 年英文版译出。

亚太经济与社会发展译丛

质性研究
论文写作指南

A PRACTICAL GUIDE TO
THE QUALITATIVE DISSERTATION
For Students and Their Advisors in Education, Human Services and Social Science

［美］萨莉·诺普·比克伦
Sari Knopp Biklen
罗尼·卡塞拉
Ronnie Casella

著

李 庆 译

社会科学文献出版社
SOCIAL SCIENCES ACADEMIC PRESS (CHINA)

仅以此书献给那些对我们有所启发、使我们受益匪浅的质性研究者，包括所有老一辈和新生代研究者。

向他们通过研究推动社会变革表示深深的敬意！

目 录

致 谢 ·· 1

第一章 论文构思 ································ 1
 建 议 ··· 3
 什么是质性研究论文？ ······················· 5
 在我们的想象中，你是谁？ ··················· 9
 关于这本书 ···································· 10

第二章 优秀论文的要素 ························ 12
 三篇博士论文及其缘起 ······················· 14
 优秀论文具备的元素 ························· 17
 逐渐明确论文写作思路 ······················· 21
 撰写跨学科论文 ······························ 24
 叙事权 ·· 29
 提出论点 ······································ 35
 论点的类型 ···································· 36

第三章　论文导师和委员会 41
委员会就是受众 43
论文导师 45
与委员会打交道 49
从挫折中汲取教训 51
慎重对待批评 55
慎重对待委员会 57

第四章　保护人类研究主体 59
伦理审查委员会的功能 60
熟悉伦理审查委员会的政策 63
伦理审查委员会的标准化表格 66
具体建议 69
兼顾道德与策略 70
一个研究者的经历：获得伦理审查委员会的批准 72

第五章　质性研究计划书 77
研究问题和研究目的 79
文献综述 87
研究方法和研究步骤 89
论文结构 90
结论部分 91
计划书常见问答 94

第六章　论文各章 97
你首先应该写什么？ 99

  可靠的叙事者 ·················· 100
  第一章：前言 ···················· 101
  第二章：文献综述 ················ 108
  第三章：研究方法和研究步骤 ········ 112
  第四、五、六章：数据章 ············ 116
  第七章：结论 ···················· 124

第七章　写作就像工作
  ——完成很重要 ················ 127
  公开交流论文的重要意义 ············ 128
  自信、文化资本和论文项目 ·········· 130
  一旦开始，坚持不懈，直到完成 ······ 135
  持之以恒 ························ 137
  写作即风格 ······················ 141
  合理利用时间 ···················· 144
  写作风格略谈 ···················· 145

第八章　质性研究论文答辩 ············ 152
  论文答辩：定义和描述 ·············· 153
  答辩的准备工作 ·················· 159
  把答辩当作一场表演 ·············· 160

第九章　非传统型论文 ················ 168
  什么是非传统型论文？ ·············· 170
  形式的魅力 ······················ 171
  考虑撰写非传统型质性研究论文 ······ 173

建 议 ·· 176

参考文献 ·· 178

资料指南 ·· 183

索 引 ·· 187

作者简介 ·· 195

译后记 ·· 197

致　谢

　　本书的撰写和出版得到了很多人的帮助，其中有些人甚至并不知道自己为这本书做出了贡献。因此，我们非常感谢所有曾经提供过帮助的人，但因篇幅所限，在此无法一一致谢。如果没有多年指导博士生撰写学位论文的经验，我们也不可能完成这本书的写作任务。虽然这本书所涉及的是我们作为教授的工作内容之一，但我们也像学生一样重新温习了论文写作的全过程。

　　这些年在质性研究专题高阶课上，不断有学生提出关于论文写作的各类问题。他们在讨论的时候也会谈起自己面临的困难，并征询他人的建议。这类专题课对于本书至关重要。通过教学我们了解到，学生们在撰写博士论文时最关注哪些问题，而我们作为老师想让学生关注哪些问题。2004年秋季学期至2005年秋季学期修读了这类课程的学生都非常配合本书的写作，有的对本书相关章节的草稿提出了宝贵意见，有的（利用上写作课或编辑课的契机）承担了某些章节的编辑工作。

我们对一些学生和毕业生进行了访谈，在文本中也引用了部分学生的研究计划书和博士论文来进一步阐释观点。在此，我们想感谢艾莉森·阿尔登、瑟瑞·班克斯、詹妮弗·班尼斯特、艾米·贝斯特、莱斯莉·博加德、丹尼斯·库尔哈内、乔·德维迪斯、詹妮弗·埃斯波西托、凯德·弗劳尔-金、凯瑟琳·法莱尔、道格拉斯·格林、凯瑟琳·格里高利、布里特·哈姆雷、克里斯·克列尔威尔、克里斯汀·鲁辰、克里斯蒂·麦高恩、杰夫·曼格莱姆、乔迪·马伦、乔安妮·奥图尔、珍妮特·雷丁-琼斯、罗宾·赖利、特里·吕泰尔、托德·苏达诺、米歇尔·施瓦茨、布伦达·所罗门、拉里·斯特德曼、琳达·斯蒂特、若吉·斯瓦米纳坦、艾米·翠蒂、琳达·沃尔德伦、达拉·韦克斯勒、郁天（音译）、朱莉·朱克曼。

我们访谈过的教授、专家们也给予了非常大的帮助。斯蒂夫·泰勒非常坦诚，提供了很多关于伦理审查委员会和专业道德的信息。他在担任雪城大学伦理审查委员会主席一职时，工作非常出色尽职，这与他本人是一名经验丰富的质性研究专家、对伦理审查委员会相关规定了如指掌是分不开的。他关注的是道德，对官僚机构并不热衷。马吉·德沃、贝丝·费里、西莉亚·奥伊勒这几位专家都对博士论文写作提出了独到见解，特别是他们对非传统型论文写作过程的相关看法也非常睿智和精辟。感谢各位专家分享自己的见解和自身的经验。

巴布·麦菲非常迅速及时地提供了关于论文格式和程序的相关信息。玛丽安·巴克和丹尼·韦恩斯坦负责了本书的扫描、复印以及办公室工作人员承担的所有那些背后相关工作。谢谢你们！卡罗尔·索尔兹作为教师学院出版社的编辑和主任，其工作非常出色。谢谢他在整个过程中的灵活安排、持续推动和有力支持。朱迪·伯曼在本书筹备的这一年中也做出了非常积极的贡献。

道格·比克伦对关于论文的课程和讨论提出了参考意见，并一如既往地给予了最大的支持。

第一章
论文构思

撰写一篇优秀的质性研究论文实际上只需要做三件事：出色的构想，对翔实的数据进行缜密分析，坚持完成写作的自律能力。当然，另外还有一些"小事"也不可忽视。比如，答辩委员会是否了解质性研究方法，你与论文导师之间是否建立了良好的师生关系，是否避免了以个人喜好为出发点确定研究主题，个人生活是否能不受健康、家庭、资金等问题困扰。主题的政治性也是一个重要因素。学界在某些问题上常常难以达成一致意见，比如，哪些主题具有重要意义，人们能接受哪些理念，如何开展研究，等等。当研究主题与种族、性别、阶层、性取向、残障群体等复杂议题有关时，研究者可能要面对很多棘手的问题。如果能克服前三项挑战，其他大部分问题也就能迎刃而解了。

我们作为本书的作者，其中一位拥有多年的博士生指导经验，另一位完成了博士学位，因此耳闻目睹了很多跟上面提到的各种问题相关的具体事例。本书也会谈到其中一些例子。但本书并不会讲述什么相互对抗的故事，也不谈任何牢骚抱怨或要告诉你完成论文有多么艰难；而是想要讨论，如果论文写作过程中产生了这样那样的问题，我们究竟应该如何思考。本书也不准备讨论开展质性研究的具体做法，因为目前已经有许多论述质性研究过程、解释质性研究的论著（如，Bogdan 和 Biklen，2007；Denzin 和 Lincoln，1994；Rubin 和 Rubin，1995），本书结尾的资料指南中也列出了一些这方面的著作。本书主要讨论的是，在撰写质性论文过程中，哪些问题最为关键，以及碰到这些问题时应该如何思考。

大学里不乏谙熟完成博士论文是怎么回事的人，如论文委员会主席、委员会成员、教授、博士后、专业教职人员等。他们常常会给出一些金玉良言。作为在读博士生，要想写出一篇优秀的论文，在某种程度上，要善于从不同的人那里获取不同意见。有些人比较擅长给你提供参考资源；有的人能通读你的论文并且提出中肯批评；而有的人则擅长在你缺乏动力、意志动摇的时候给你打气，让你充满斗志、继续前行。

和他人谈论自己的研究论文是非常重要的。我们系曾有一位学生，人非常聪明，也有能力完成一篇非常优秀的博士论文。但他只知道闭门造车，从不跟人交流自己的研究，所以他完成论文的时间拖得越来越久。本来他是可以完成论文的，但因为跟他人没有任何交流，所以也没有人帮助过他，使他最终完成论文。

建 议

我们的第一条建议是如何"合理"规划论文写作时间。当然没有一条建议能放之四海而皆准。上文中提到的那位非常聪明的学生在论文写作过程中家庭发生了重大变故。迫于现实的压力,他不得不放弃学位去接管家族生意。如果他能坚持从事博士研究 15 年,那么到那时他在研究方面可能会大有所成。如果他的论文得以出版,说不定它已经成为该领域最优秀的论著之一了。虽然在论文写作过程中他在个人财力和情感上遭到挫折,但只要做到不断进步,哪怕非常微小,个人的成就都是有可能不断提升的。所以,第二条建议是:无论是本书作者或者其他任何人提出的建议,你都必须审慎思考后再决定是否采纳。

当然,建议分很多类型。有的非常精准而且直接。比如学校老师理想中的课程计划建议就属于这一类。因为对他们来说,课程计划就跟菜谱一样,只有尽可能完整清晰,才能更方便地直接应用到课堂上。另外一种建议可能比较委婉。还是用课程计划来打比方,第二类建议跟制订课程计划的思路相关。教师先要充分理解设计思路,然后才能在特定情景中善加应用。本书提出的建议属于第二类,我们提供的是思路而不是菜谱。

而且,建议不可能做到完全中立。给出建议的人总有特定立场。他们有特定的价值观,也期待你通过特定方式理解这些价值观。他们的立场跟你的兴趣不一定匹配。有时候从专家那里得到的建议也会相互矛盾。当碰到这种情况时，你先要弄清楚他们的本意。比如，他们是在向你推荐某个可以用于实际研究的理论，还是在敦促你尽快完成论文以便在求职或申请基金时占有先机？他们对你的研究主题是否非常了解？是否涉及系、学院或者国家政治？这些问题都没有既定答案。你对提供建议的人提出建议时的立场了解得越透彻，你就越能对是否接受建议做出准确的判断。

我们想说的是，学校里有很多人可以为你提供论文方面的帮助，都会对你有所裨益。那为什么还要写这本书呢？最主要是为了帮助正在撰写质性研究论文的博士研究生解决面临的诸多难题。不管做什么研究，除了选定主题、收集数据、确定写作内容之外，在撰写论文的过程中，还需要做出各种决定。你所做的选择对研究工作的其他环节也会产生影响，比如可能会改良已经收集到的数据，或者更充分地阐释研究的重要性。我们希望这本书能帮助你理清思路，做出更明智的选择。本书会提出建议，但相比之下更重要的是，让你了解，通过什么框架进行思考才能做出更准确的选择。这是因为，明智的选择不一而足，但你要做的是，使审慎思考后做出的选择能有助于达成你的最终目标。

我们在描述具体情况时会举出实例。所有例子都来自真人真事，包括涉及的名字。如果例子中没有提到人名，则意味着我们出于保护隐私的考虑隐去了相关人员的信息。

质性研究最根本的特点之一，是研究特定背景下意义的产生过程。事实上，埃利奥特·米施勒（1979）的一篇名叫"意义在背景中：难道不是吗"的文章就说明了这一点。在撰写质性论文的时候，写作所处的背景与主题本身的意义具有同等重要性。质性论文写作在很多方面会受到背景环境的制约，这些背景环境因素可能会左右写作过程。比如，如果你所在的院系有许多从事质性研究、谙熟质性方法论的专家，那么在这样的环境中，你就不需要承担论证质性研究方法价值的压力，这将会给你开展研究提供最大支持。如果你所在的院系大部分人从事的是量化研究，那你就需要另外花费精力解释质性研究的功能和价值，还要避免陷入所谓的被动辩护。当然还有许多需要权衡妥协的地方，我们将会在第三章详细论述。

什么是质性研究论文？

质性研究论文的形式多样。我们谈到质性研究论文时，脑中非常明确它应该是什么样的。但你的理解可能跟我们的并不一样。当我们谈到质性研究论文时，脑海中它应该是：一共分为七章，分别是前言、文献综述、方法论和研究过程、三章数据章、结论。我们想象中质性论文的研究应该始于一个开放式的问题，目的是探究某些特定研究对象对自身经历的看法。这些研究对象可能是研究项目中的个体或者群体，所以这个开放式问题的目的是深入探究某个个体、某些个体或某个群体对生活的理解。下面列举一些论文研究问题范例：参加晨论小组的高中生如何看待社会议题？女大学生如何理解女性气质的含义、如何使自己在公共场合看起来具备女性气质？未成年妈妈有怎样的性教育经历？从事国防事业的已婚或有终身伴侣的人士如何理解军国主义？（详见 Riley，2000）。过程是质性研究论文的关注点之一。下面列举的都是探究人的想法如何随时间推移而发生变化的例子：学生如何度过高中四年？非洲裔女性运用哪些策略才能在以白人为主的学校顺利完成大学教育？

质性论文的另一关注点是社会关系，即不同社会群体之间的权力差异。研究这类问题的质性研究论文可能会选择"残疾人维权团体与大学管理层之间的权力争斗"这样的主题。最后，在我们看来，质性研究论文还可能会探讨诸如"9·11"、2003年美国东北部大停电、SARS传染病之类的重大事件。例如，"9·11"事件之后，来自科威特、沙特阿拉伯和苏丹的研究生在美国的大学里有怎样的经历？大学管理者如何理解"威胁"？我们列出这些问题，是为了强调视角的概念以及意义建构的过程。论文具体用什么题目可以视情况而定，不一定要照搬上面的问题。

有些论文研究的是某个特定群体在单一场景下所持有的视角，而有的则是研究某个群体在不同场景下所持有的视角。有的论文采用了案例研究，而有的论文则通过探究理念在不同场景中的变迁来建构理论。无论最初的研究问题是什么，研究者都会在数据收集过程中逐步聚焦。在原本研究计划的基础上，研究者可能因为要增加数据而反复进入田野场所。研究者也有可能在研究开始后，需要调整论文的框架结构，增加历史背景或者删除某些部分。质性研究者并不像量化研究那样，先设计好研究，然后实施就可以了。相比之下，质性研究设计的机动性和灵活性更强。质性研究论文既可以是描述性的也可以是分析性的。无论属于哪一种，质性研究论文都要先立论（第二章会谈到论点的特性），并且用数据中的实例来阐释论点。质性研究论文通常采用叙述体，可能也会用到图表，这要视情况而定。

在我们看来，阐释型质性研究论文最早缘起于"芝加哥学派"。这个社会学派别以罗伯特·帕克为创始代表人物。帕克曾从事过新闻记者的工作，于20世纪20~30年代在芝加哥大学建立了社会学系。该派别以社会生活的不同层面为研究主题，比如包括房地产经纪人、餐馆女服务员、流浪汉等群体在内的社会众生的生活百态；或者通过研究富人区和贫民窟等不同社区，试图解读个体的视角与其身处的环境和背景之间的关系。根据这个派别，研究对象对研究者而言不是受访的个体，而代表着一个特定群体。在从芝加哥学派到质性研究体系的发展过程中，演变出更多含义更广、名称各异的研究形式。

许多同类研究形式以自传体叙事与社会结构的关系为建构基础（Miller，1959）。有的研究者会通过建制民族志研究议题涉及的权力关系（Campell 和 Gregor，2004；Smith，2005）。有的研究者运用女性主义方法，用特定方式表达对被研究者生活经历的尊重，使女性的生活在人类经验中从附属转变为中心，使研究者的社会位置变成研究的一部分（相关问题的详细论述请见 DeVault，1999）。有些研究者运用批判种族理论研究美国社会的种族和种族歧视问题。批判种族理论认为种族歧视是美国文化的常态，并且强调有色人种自主叙事的重要性（见 Duncan，2002；Ladson-Billings，2003；Solorzano 和 Yosso，2002）。以上均为阐释型质性研究的范例。

跟上面这类质性研究相比，有些质性研究的结构性更强。比如，研究者可能会设计开放式调查问卷，让被访者用描述性文字回答问题，并认定这样做就是质性研究。事实上，不少高校相关院系是这么理解质性研究的；也有的研究者设计了观察提纲，通过对六个课堂上的大学生进行相同的观察，了解大学生在作文课上谈论种族问题的情况。这些研究得到的数据都是描述性的，因此也属于质性研究。在以上两种形式——开放式问卷和结构性观察——的研究中，无论对最初的研究计划有多笃定，最后的研究结果都有可能非常出人意料。

最近有学生对另一种叫作"质性内容分析法"的研究方法非常痴迷。这种方法通过复录和分析各类出版物和图像资料来研究一些特定主题。例如，青少年咨询专栏如何表征女孩子的形象？情景喜剧如何处理种族问题？《国家地理》杂志如何表征阿拉伯人的形象？但作为质性研究，无论哪种文本分析，都必须包括受众的视角。在分析文本的基础上，研究者还要访谈杂志读者、作者、观看电视节目或电影的民众。有的研究者通过焦点小组的方式给学生们播放电影，并记录下学生们对电影的评论；有的人分析青少年杂志咨询专栏对女孩的表征，并且访谈这些专栏的读者；有的在阅读聊天室对话的同时，还要（可能通过邮件）访谈部分网民（见 Johns，Chent 和 Hall，

2004）。因为质性研究者对人们使用的文本感兴趣，所以质性研究必须体现阐释性的特点。

在我们的想象中，你是谁？

不论撰写论文的背景如何，最后的成品都要面向受众。受众主要指论文的读者。作者如果善于全面思考问题的话，肯定会考虑受众的特点，并且在写作过程中时刻提醒自己。例如，在撰写这本书的时候，我们考虑的是，读者无论擅长什么或者对哪些问题感兴趣，至少都需要完成博士论文并且已经将这件事提上议事日程。本书的读者无论是脱产的全日制学生还是在职的人，都选择质性研究方法开展研究。因所在学校对质性研究的支持度不太一样，有的读者可能还会从其他渠道得到一些意见。

尽管大家在开始撰写论文时都盼望最终能够出版，但是必须牢记的是，在论文写作这个阶段，论文委员会成员是论文的主要读者，而且将对论文是否合格做出官方评判。论文委员会对博士论文有特定要求，他们会像监督小组那样履行职能，判断你是否能成为一名"基本合格"的博士（这个词不是指医生）。简而言之，如果撰写论文时牢记这点，将有利于跟委员会沟通自己的想法，也有利于让他们按照你的思路理解论文观点。

不过，如果事情真这么容易，我们完全可以直接给出建议，你只要选择听或者不听就行了。但实际上，事情要比这复杂得多。有时论文虽然要以论文委员会为主要对象，但还要兼顾其他受众，因为这些人也非常重要，不能忽视。比如，如果你是有色人种，而你的论文是关于大学生对嘻哈文化的理解，那么，你写作的对象除了论文委员会，还应该包括其他人，因为你作为少数族裔肩负相当重要的责任，要论述美国文化背景下人们因种族而表现的行为差异，如何既体现对黑人文化的认可，又滋生制度性种族歧视的权力。如果你挑选的论文委员会非常尊重你的观点并且理解你的理论导向，那么你的论文实际上*的确*是为他们而写的。在这种情况下，很多学生认为自身所属的族群作为读者的一部分必须兼顾，并且是必不可少的一部分。能否考虑到这一点是非常重要的，论文委员会必须就此达成共识。

关于这本书

这本书能告诉你，一篇优秀的博士论文是如何写成的。正如我们之前所说的，书里不会教你如何开展质性研究，但会帮你解决各种各样的问题，直至最终完成论文的撰写和答辩。第二章主要讨论优秀论文的特点，通过列举获奖论文的实例，详细论述优秀博士论文的写作过程中需要重点思考的事项。第三章主要关于论文导师和论文委员会，强调与他们建立良好关系的重要性，并提供了一些沟通的良方，也说明了应该达到的效果。第四章讨论了保护研究对象的问题，特别说明博士生如何获得伦理审查委员会（IRB）的批准，因为所有以人类为研究主体的研究必须获得该委员会的批准才能开展。第五章的主题是质性研究计划书,包括完成计划书的时间、内容及目的。第六章总结论述了质性研究论文应该包含的所有章节、每章应该满足的要求以及写作时有可能遇到的问题。第七章讨论了写作的过程,因为写作本身就是一项艰巨的工作。该章介绍了几种不同的论文写作风格,讨论了克服困难的常用策略。第八章的主题是博士论文答辩。通过介绍和分析答辩整个过程,我们希望能帮助你缓解焦虑。第九章简要讨论了非传统型质性研究论文。

本书既不提供博士论文的成功秘方,也不是单纯的理论说教,而是一本简便、实用的指导用书,希望能帮助大家顺利完成一篇优秀的质性研究论文。

第二章
优秀论文的要素

有的人写论文只是为了完成论文然后继续前行。他们只想获得学位证书,并不认为自己是研究者。但绝大多数学生想要完成一篇优秀的博士论文。如果世上有万灵药这种东西,导师只要把它给学生就能保证写出优秀的论文的话,那么当然皆大欢喜。可是我们都清楚这是不可能的。有时候,好的立意并不能保证写出高水平论文,而也许构想稍显局促的研究最后却有不俗的成果。这个过程受到很多因素的影响,比如,审视主题的方法(视角)、文笔、论文各部分内容、主题是否合时宜等。世上不存在万灵药,要讲述的故事内容(决定按照所选择的方式讲述故事的过程)对最后的作品至关重要,甚至可能会扭转乾坤。

看到这里,有人可能会误以为我们想说,"论文写作要靠自己。大家要自立自强,成功或失败都在个人"。但这不是我们想表达的本意。个人的付出固然重要。比如,思虑周详、勤奋努力、收集数据时建立良好的田野研究关系等,这些都是个人付出努力的结果。但是个人所处的环境也至关重要,比如,对质性研究方法的了解程度、在质性研究方面受到的专业训练、支持度高的环境、通过与他人交流得到的真知灼见等因素,都会影响到质性研究论文的完成。大家可以翻阅那些已经由一流出版社出版或荣获各种奖项的质性研究论文(详见"资料指南"的具体内容)。这些文献的作者常常会在致谢部分表达对论文写作过程中得到各方意见和帮助的谢意,其中既有来自质性研究领域的知名学者,也有那些"无条件支持作者"的人。论文绝不能只靠一个人闭门造车。攻读博士学位的过程可能像一场必须独自经历的试炼,导致很多人总有随时要应付考试的感觉。我们总是听到学生抱怨疲惫不堪,要下很大工夫才能考出理想成绩或者达到标准,有时候甚至还不太清楚要求的具体内容。大家要尽量避免使自己陷入这样的境地,要做自己想做和认为重要的事情,并尽可能地获取各种指导和帮助。不要把论文当作无法攀登的山峰。

　　本章讨论的主要问题是:什么样的论文才是优秀论文?首先,我们会讨论优秀论文与论文思路之间的关系。其次,会区分两种研究方式:一种是跟研究对象沟通研究主题和思路,分步骤逐步完善研究;另一种是全部用研究对象的话来论证预先确定的研究主题。鉴于近来跨学科研究越来越热门,我们也会谈到一些这方面的内容。此外,本章还会讨论获得"叙事权"(因为你是论文的叙事者)的策略和论点等问题。

　　我们真的能对"优秀"下一个定义吗?答案是"可以"。

但在这之前,请大家先看看下面三篇博士论文。我们会简要介绍三位学生的研究,并分析三项研究的相似点与不同点。

三篇博士论文及其缘起

罗尼

罗尼非常想研究教育类的旅行。他本身就是旅行爱好者,而且非常想知道:人们到底想从到其他国家的旅行中学习些什么?旅游公司是如何设计和推广教育类旅行的?在开始正式研究前,他也做过一些前期研究,比如,通过写信的方式向所有在《缜密的旅行家》杂志上刊登教育类广告的公司索要宣传手册。从中他发现一家小型教育类旅游公司推出了不同类型的教育类旅行和生态旅行产品。于是他参加了那个公司的项目,去了一个给学生提供学习西班牙语机会的国家。除此之外,他还想从不同角度探讨这个主题,包括该公司教育类旅行者的看法,和通过实地访谈旅游公司,了解公司的宣传手册吸引旅行者的具体内容。随着研究的开展,他越发觉得教育类旅行的发展过程意义重大,而且这个主题还没有得到充分研究。因此,除了对教育类旅游的历史进行二手史料研究,他决定在论文中加入一章,专门从历史的角度分析这类旅行的档案资料。他认为,如果能说明此类旅行具有教育性,那么这种安排能有助于明确教育类旅行的定义。他的博士论文包括质性访谈、历史分析、内容分析以及对宣传手册制作方的访谈等内容(Casella,

1997）。

莱斯利

莱斯利原本想研究跟青少年、学校教育和流行文化相关的主题，这个主题跟她首次担任助教并独立进行教学的一门课程同名。她需要思考：在研究中如何把这三个主题结合起来？她听说当地一所高中的一群高中生每周三早晨上学前会在学校附近的一个教堂聚集，讨论当下的热点问题和学校教育经历，以弥补课堂时事教学的政治性和关联性的不足。征得学生们的同意后，在连续两年半的时间内，她每周三参加晨会并对活动进行研究。她的论文最后探讨了几个比较重要的问题。比如，其中一章谈到，虽然这些学生自诩为社会批评家，但是他们的观点没能完全脱离固化社会现状的那些价值观。她还调研了这群学生对"酷"的理解，以及男生和女生关于"酷"的不同经历。论文中还谈道，这些学生一方面在批判教育，另一方面也从所受的教育中获益，而且他们对学校教育有许多想当然的分析。她的访谈对象都是青少年，流行文化这个主题与她对"酷"的分析相关，因此论文中有一章专门探讨学生对学校教育的认识，以及学生所处社会位置与个人认识的关系（Bogad，2002）。

布伦达

布伦达在回到学校继续攻读社会学博士之前曾是一名社工。当时，给女性护理员提供资助的方式因一项新福利政策出台而有所变化。她对该项新政如何影响受资助女性的日常生活这个主题非常感兴趣，于是决定重点研究这项以工代赈的新政策。她打听到有一个护理员培训项目在她家附近进行。在获得项目主任和培训老师的许可后，她参加了项目，观察不同小组的课程学习和临床工作情况。她在课外与这些护理员打成一片，跟她们一样参加考试，加入她们的茶歇聊天，跟她们一起参加在养老院的专业实习。她的论文主要探讨的内容包括：参加福利项目的女性护理员如何陷入在职贫穷的困境，调研这些女性在家中和在养老院承担不同工作之间的关系，护理他人如何成为职业化课程，参加项目建立起来的人际关系之后如何继续为项目护理员提供支持。她的主要方法是建制民族志（Solomon，1999）。

以上三项研究都是从比较宽泛的主题开始，研究者虽然都知道自己对什么问题感兴趣，但并不确定如何将这些问题转换为论文内容。随着田野工作的开展，数据的收集以及（在导师的指导下）作者对数据意义的思考，这些不确定逐渐变成了确定。罗尼采用了混合研究法，充分论述了教育类旅行领域的各种问题。莱斯利采用了参与式观察和深度访谈，通过案例研究，了解一群高中生开展的一项非正式的课外活动。布伦达研究了"国家政策和情境式含义"之间的关系（Bogdan，1976），主要调查了一个田野场所，运用了参与式观察和访谈的方法，有三组受访者接受了访谈。以上三篇都是获奖论文，但是研究方法各有特色。

第二章　优秀论文的要素

优秀论文具备的元素

我们能对优秀论文进行定义吗？正如质性研究数据的含义并不一定明确那样，论文的优秀之处也并不是不言自明的，而是因为读者通过阅读，理解了论文内容后对它做出了如是评价。对质量的判断具有交互性。委员会在评判优秀论文时考虑的因素很多，包括论文是否创造了新知识，是否呈现了关于主题的新观点，是否创新了研究方法或对议题进行了缜密分析，是否对所研究的边缘化群体进行了详细的描述，是否做到了文笔流畅且言之有序，或是否使自身的研究领域得到了拓展，等等。

宽泛的研究问题

上面三位研究者有哪些相同点呢？第一，他们都对某个主题非常感兴趣，并从一个宽泛的问题开始，努力唤起读者的兴趣，产生了解具体内容的意愿。之所以将研究问题拟定得宽泛一些，其意义在于给研究者和研究主题之间留出对话的空间。研究者对某些问题会特别感兴趣，认为这些问题特别值得深入探究。研究场所本身也存在特定的互动关系。在"田野研究初始阶段"（Geer, 1964），研究者应该充分了解哪些问题对研究对象来说更为重要。研究者进入研究场景时的原有想法，与研究对象对自身情境的理解之间，也会产生某种对话式互动。

宽泛问题的实用性在于，研究者在研究早期阶段能获得比较丰富的数据。许多刚开始做研究的人总以为问题限定越多越能避免在过多无关事宜上浪费时间。但实际上，问题的限定越多，研究就越难以开展，因为研究对象对问题的理解很可能跟研究者的理解不同，导致研究者产生"没什么值得研究"的错觉。

翔实的数据

第二，三位研究者的数据非常翔实。具体表现为，他们的观察十分细致，访谈记录包含了受访者谈到的许多具体实例。数据即证据，翔实的数据是指非常具体的例子，呈现出受访者对自身所处情境以及对某些事情的理解。这些因素对讲述研究故事、吸引读者和提供深度见解都非常重要。如果没有翔实的数据，读者可能只能揣度论文是否已经跳到结论部分。前不久在某个博士论文答辩上曾发生过一场讨论。论文探讨的主题是，游戏治疗师是如何理解儿童的。作者想知道游戏治疗师如何理解培训、阅读以及关于儿童的那些主流社会价值观，而这些信息需要借助观察之外的方式才能获得。研究发现，治疗师们确实是通过特定的叙事话语和社会价值观来理解孩子。在答辩过程中，一位委员会成员让答辩者提供证据，论证论文中提到的治疗师想成为儿童"治愈者"的论断，即解决所说的问题"根源"，而不是仅充当"修复者"。游戏治疗师对修复者这种角色并不认同，认为他们只想消除问题的表层症状，而不是从根本上解决问题。正因为答辩者详细了解了治疗师的看法，最终才能在答辩时通过列举实例来证明自己的论点，并在答辩后通过修改使论文观点更加鲜明。

充分了解研究对象

第三，上面列举的三位博士生对研究对象都非常了解，跟研究对象相处的时间足够长且非常充分。以高中生讨论小组的研究为例，那位博士生与高中生们相处了两年半，因而能比较准确地阐释研究对象在特定场景下发表某些言论的既定含义。上面几位研究者都没有把研究对象的表达看作对问题的简单"回答"，而是作为本身具有丰富含义的文本。当他们观察到研究对象的某些言行时，会将对方的言语表述与其所处的特定场景联系起来。他们要做的是从语境中发现意义。他们作为研究者非常了解，当研究对象发表某些言论时，对自身所处场景是有所了解的，因此，研究对象在访谈、小组会议、焦点小组和课堂上发表的言论以及场景的特定属性对发现意义都很重要。研究者对研究对象持续不断地进行研究，才能发现研究对象在特定场景下的特殊反应。在不同场景下，比如参加讨论小组、进行个别访谈、晨论结束后搭研究者便车去学校的路上或者参与学校活动时，研究对象的言行并不一定一致。

研究者还要考虑到研究对象生活的社会背景和物理环境。莱斯利研究的晨论小组成员就读的是市内高中，当时媒体在大肆渲染"后女性主义"时代。布伦达的研究则指出联邦政府福利政策的改革深刻影响到研究对象生活的方方面面。

文笔出色

第四，上面几篇论文的结构合理，行文也很流畅。几位研究者非常注意写作的细节和风格，因此最后的论文才能引人入胜。可以说，他们时时刻刻都把受众放在心上。文笔出色的论文，其写作形式可能不一而足。有些论文平铺直叙，比较少用到形容词和比喻的修辞手法。比喻这种修辞方法时常容易被过度使用，导致词语内涵模糊不清，反而会造成词不达意的后果。有的作者善于通过描述性词汇来体现数据的翔实程度。这些方式都可行，本书第七章将详细讨论论文写作的风格。

数据分析

第五，这几篇论文的理论分析都是以数据为基础的。作者们没有让数据自说自话，也不会认为意义可以不言自明。他们阐释了数据的含义，充当了数据的指引者，说明了之所以做出这样或那样解释的原因，并将结论与相关文献或理论联系起来。

社会位置

第六，上面几位研究者也都描述了个人与数据和研究思路之间的关系，即研究者的"社会位置"。一个人的社会位置是指那些特定的身份标签（比如，种族、阶层或者性别）、所处情境的特定环境以及其他与研究对象相关的事宜。读者需要了解作者用什么标准来判断论文需要包括的内容，以及为什么做出这样的取舍。解释自我与数据和研究思路之间的关系是向读者说明，作者已意识到自己持有的视角会过滤人、事、物在自己眼中的"成像"，同时也有助于读者判断作者与数据本身及数据分析之间的关系。

对意义进行理论建构

第七，这些作者都对意义进行了理论建构。也就是说，他们深入分析了研究对象的言语表述中所蕴含的社会价值观，揭示了研究对象使用某些语言或词汇时体现的共识。例如，达拉收集了不同学科教师使用技术的相关数据，而她收集数据的学校的校长只让教师们接触到部分资源。在达拉的论文中，她对校长的决策进行了分析，探讨了校长关于教学日这一概念比较刻板陈旧的理念（Wexler, 2003）。

逐渐明确论文写作思路

论文到底应该写什么？对于这个问题，仁者见仁，智者见智。论文写作需要很多投入，所以有观点认为，只有充满激情才能将论文写作坚持下去。有的人建议，"从缺乏文献的领域入手，比较容易找到好的主题"。还经常听到有人建议，"选择'热点'当题目，这样将来才能更容易发表"。这些说法当然都有些道理。你当然要对研究主题充满热情；如果能填补文献空白或者提出新的见解肯定也非常有意义；如果大家对你热衷的主题同样感兴趣，当然也会有帮助。那么，究竟如何确定研究主题呢?

当年本书作者中的一位(萨莉)准备写论文的时候,她知道自己想写点关于女性和教育的东西,但是不知道怎么去建构一项研究,也不知道要具体调研什么内容。她就读的研究生专业没有设置质性研究方法课,而且她的方法论指导老师既不赞成她将女性作为研究主题,也不支持她用质性研究方法。她只好另辟蹊径寻求助力。她的朋友西摩尔·萨拉森,时任耶鲁大学教授,在一次共进晚餐时,帮她把这个宽泛的主题,即关于女性和教育,拆分成七八个可以继续研究的博士论文题目。萨莉选择了其中之一,即成年女性对自身小学教育经历的看法,并以此为题完成了博士论文,探讨了成年女性群体自身的观点以及塑造她们言论的话语背景。那顿晚餐最让人念念不忘的是,萨拉森居然可以从一个非常宽泛的主题出发,找出多个可以深入调研的途径。

在构思研究题目时,一个比较实用的办法是,先想出几种不同的解题途径,给未来的研究提供选择的机会。有选择机会总比只确定某个题目"一条道走到黑"要好。无论是在工作坊还是在课堂上,我们常常让学生就拟定的题目自主发言,鼓励所有参与者提出多种研究思路。这种从多角度思考研究题目的方法有时候效果的确不错,能让人从自己最感兴趣的视角探讨最想研究的那些问题。比如,假设你对双语教育感兴趣,那么要考虑的是,你打算从谁的角度来探讨这个主题,学生的、老师的还是家长的?你是想做一个案例研究吗,把包括学校管理者和学区官员视角在内的所有视角整合起来?还是你更想做

第二章　优秀论文的要素

建制民族志的研究，探讨关于移民的话语如何成为各州相关政策的措辞内容，并以双语教师对自身职业的看法作为实例来具体说明？也许你想持续调研一群作为双语生入学的初中生，了解他们的学习生活？或者你想研究一些英语不太流利的小学生，观察他们如何变成双语生，最终跟班上同学和邻居相处时不再那么惹人注意？

当然，就上面的主题开展研究的方式有很多种，充分考量各种选择也是将所有兴趣点和可选项进行归类的方式之一。但是这并不是确定研究主题的唯一方式。在某些情况下，可能要等到研究开始以后才能最终确定研究题目，因为研究者必须充分考虑到研究场所中的所有情况。下面我们来看看另一种研究建构方式。

进行研究建构设想时最关键的问题就是，你准备讲述一个什么样的故事。我们用下面的例子来说明这种确定研究主题的方式。假设你要研究高中学生和教师对"挑战者"号航天飞机空难的反应，特别是要了解教育工作者和他们的学生如何理解该次飞行的价值和危险性，想知道教师和学生如何认识"挑战者"号航天飞机空难的教育意义。你通过一对一或者焦点小组的方式对教师和学生进行访谈，发现无论是否有他人在场，受访者都会谈到一些共同的内容。于是你会深入思考，公众反应和个人想法之间是否存在相互矛盾的地方。在经过对不同群体的调研之后，你的一个重要发现是，信息提供者们非常担忧克丽斯塔·麦考利夫的遇难对她的子女产生的影响。他们在表达这类担忧时提到非常多的细节，而且饱含感情，虽然他们对麦考利夫的作用持有不同看法，但都谈到了她的遇难对家庭产生影响这一话题。但信息提供者在谈到男性宇航员的遇难时并没有表示出这类担忧。于是，你又会考虑到，人们对失怙儿童和失恃儿童问题的思考方式有所不同。你会决定在论文中用一章探讨研究对象对性别和航天飞行的看法，特别是对做母亲的年轻女宇航员的关注。即使最初对性别不是特别感兴趣，只要对数据越熟悉，就越有可能认识到，你的研究中对性别的分析最吸引人。因此，你会决定聚焦性别问题。现在你还需要做更多访谈，用跟研究刚开始的时候迥异的方式缩小研究题目的范围。为了体现受访者对航天飞机灾难发表的看法，主题之一应该是本国文化中关于失怙儿童和失恃儿童的问题。另一个主题应该探讨"男性宇航员"和"女性宇航员"分别有什么含义。第三个主题应该探讨哪些措辞可以用来谈论性别、情感和重大公共事件。这篇"新"论文跟最初设想的完全不同，但与你访谈高中生和教师时得到的谈话内容密切相关。

撰写跨学科论文

社会科学领域一直非常看重掌握跨学科知识和开展跨学科研究。有的专业期刊主要刊载跨学科研究文章，有些大学更偏好有跨学科背景的求职者，一些被公认为"经典"的专著和论文也正是因为作者的跨学科研究才备受推崇。在详细介绍跨学科论文写作之前，先要定义什么叫*跨学科*。一般来说，开展跨学科研究是指作者从事某个特定领域的研究，比如社会工作，同时将该领域的观点、理论、文献和研究策略运用到其他领域，而这些领域原本跟社会工作并不十分相关。一位就读于常春藤名校的社会工作专业的博士生用下面这段话来描述她跨学科博士论文中的跨学科性，她研究的是城市公租房：

> 我的研究领域是社会工作，我就读的也是社工专业。但甫一开始研究公租房即我研究的分支领域时，我发现那些比较有趣的关于住房的研究并不是由社工专业人士完成的，而是来自文化地理学家、传播业界人士以及其他通过探讨住房的文化和地缘政治建构来审视政策的人，他们不像我所在的社工学院的人那样采用传统研究方式，只研究政策对住房的影响。

撰写跨学科论文的第一步就是要把为什么要写跨学科论文的必要性解释清楚，要说明为什么不用研究者本学科的而要用其他学科的知识、文献和方法来开展研究。跨学科研究可能会引起论文委员会的反感，特别是那些不熟悉所涉及的领域或不认同跨学科研究的人，这可能不是你乐意看到的，会与你的本意背道而驰。比如，如果你的专业领域是教育，而你要研究流行杂志，那么就应该解释研究这个主题有哪些重要性，并把这种论证作为论文的"重要性"这一部分。在这种情况下，当你要解释论文意义时，即论文计划书的主体或者正式论文的前言章节，不仅要说明研究本身的重要性，而且要说明用所选择的研究方法来开展研究的重要性。你要把论文读者当作那些只从事本学科研究的人,要非常明确地解释跨学科研究的意义。下面列出的关键点,在撰写研究计划书以及论文初稿时请你牢记在心。

- 跨学科研究应该展示跨学科分析的价值,要能充分说明你的论文之所以与众不同、意义重大就在于它的跨学科特性。你必须能够回答:为什么你的跨学科研究方法是整篇论文的重中之重。

- 你要有获取其他学科知识的意愿,包括修读其他专业的博士课程。论文文献综述部分应该包括不同学科的文献,所以通常比传统单一学科的论文文献总数部分更长、涵盖范围更广。

- 你的论文委员会成员应该来自论文涉及的各个领域。你要能请到来自相关院系和学科背景且愿意成为委员会成员的教授,有时候这些人之前可能并不认识彼此。

- 你应该做好向其他学科的期刊投稿的准备,或者参加其他专业领域的会议,在这种会议上可能很难找到你的同行。为了避免只是肤浅地了解论文所涉及的相关学科知识,你应该全身心沉浸到这些学科中去,拿出专业学习的态度,而不是浅尝辄止而已。

还有以下几个关于撰写跨学科论文的要点也有必要了解一下:

- 即使你了解跨学科研究的重要性，也不能假定其他人也认同你的观点。这种情况可能会影响到你的论文以及将来的职业发展。例如，在那些传统领域，如果你的研究不"循规蹈矩"，有可能无法找到大学教职。
- 这一条跟上一条有关，伦理审查委员会可能不会批准你的研究。有时候，审查委员会成员可能对你的研究方法不熟悉，很难确定如何批复你的研究申请。还有的人可能因为跨学科研究跟传统研究大相径庭而产生强烈的负面情绪，不过这种情况比较少见。
- 这一条跟论文委员会有关。当来自不同系和学院的教授聚在一起，必然会产生权力的较量。比如，如果教育专业或者社工专业的学生请到的教授来自其他领域，特别是那些比教育学或社工专业更受人尊重或学术性更强的领域，教授之间会因形成某种等级差异而使得关系紧张。
- 如果委员会成员来自不同学院或者不同大学，他们的行程安排和地理距离的远近都是需要兼顾的实际问题。如果开展跨学科研究，很难保证委员会成员均来自同一领域（和同一所学校的同一院系）并且相互熟悉、关系密切或者之前曾经有过合作。

当然，以上几条无法罗列所有可能出现的情况。虽然从事非传统型研究找到大学教职工作的难度比较大，但如果某些大学着意聘请有跨学科背景的教职员工，你获得该职位的可能性就会大大增加。进入论文撰写阶段后，大家要学会判断自己可能会面临的问题。下面是比较实用的具体操作步骤，便于研究者充分利用自身优势，避免跨学科研究的常见失误。

第一步　在研究计划书中，或者和他人进行日常交流和课堂讨论时，明确阐述对你具体背景领域以及社会科学整体而言，你的跨学科研究具有什么样的重要性。

第二步　与擅长跨学科研究的教授们建立良好的人际关系。可以去选修这些教授的课，或者请他们指导你的独立研究课（这个方法也适用于那些校外教授）。

第三步　通过专业课程、独立研究、学术会议、文献综述等途径，尽量熟知研究所涉及的所有专业领域的理念、重要数据、理论、主题和研究方法，保持知识常新。

第四步　查找包括博士论文在内的其他相关研究。以他人研究为参考，在借鉴其研究内容和数据分析的基础上，完成自己的博士论文。

第五步　和其他同样进行跨学科研究的博士生组成工作小组，成员可以来自同一院系，也可以吸纳全国其他学校的学生。如果小组成员均来自当地学校，组成可以面对面地交流的阅读小组这种形式比较适用；如果成员来自全国各地，则可以通过邮件及其他电子通讯方式、学术会议、联合研究及其他途径，使志同道合的组员之间相互提供支持。

第六步　做好准备，终身从事拓展专业领域的创造性研究。对于许多学者来说，这样的研究才能引人入胜、发人深省。如果出现上文中列举过的那些失误，要尽量想好解决办法妥善处理。

撰写跨学科论文与完成单一学科论文在大多数方面没有明显区别。但是，仍然有些问题是在撰写跨学科论文时需要审慎考虑的。本节主要讨论了与此相关的一些细节问题，但是这些问题在多大程度上将会对你产生影响，要视你的实际处境、学科领域、所在院系和职业方向而定。

叙事权

什么是叙事权？

叙事权是指质性研究的读者是否相信文本叙事者所讲述的内容，或指读者对叙事者的信任度。这种权威是作者在与读者建立关系时权力的来源，因此千万不能疏忽。叙事者的观点可能有悖于读者的常识，可能对读者深信不疑的理念提出了挑战，或者只是反复强化了读者已知的信息。无论使用哪种或哪些策略获取这种权威，我们在书中也讨论了一些策略，叙事本身都无法脱离与读者的关系获得任何权威。

质性研究的叙事权一般不会受到潮流和短时风气的影响，但因写作的对象是公众，所以跟文化货币密切相关。大众对流行风格和既定历史节点重要主题的看法各不相同。某些叙事风格及该领域的特定表征在不同历史时期的流通性也不同。在讨论权威性的时候这些因素都需要考虑进去。

例如，现阶段对质性研究叙事者最重要的是，描述自身文化和社会位置，讨论田野研究中的个人经历，向读者展现自身与研究项目之间的相关性，以此反驳科学写作中"本然的观点"（Haraway，1991）。不过，尽管写作时表明作者立场的方式与全知叙事者表达客观化观点的风格截然不同，向读者讲述你的情感、弱点和其他方面并不一定能使研究本身和研究发现更加完善，或提升研究的重要性。用范梅南（1988）的话来说，"忏悔式"或"印象派"叙事者不一定比现实主义叙事者有更大的权威性或可信度。要时刻自问，如果让读者了解作者的个人情况，那么结果会有哪些不同？向读者讲述关于作者的事情是一种策略，在特定情境下有助于作者获得权威性。开展研究的方式不同能使研究之间分出优劣，但评判研究质量的方式应该不止一种。

虽然权威常与权力主义或家长制（家长权威是常见词语）之类的词联系在一起，但是权威的类型多种多样，可以按照偶然型和独断型，或直接型和间接型等纬度来分类。作为论文作者，你需要建立叙事权，向读者特别是论文委员会展示你对于要讲述的主题拥有一定权威性。下面就来谈谈如何做到这一点。

我们讲述的六种叙事策略包括现场性、即时性、理论性、修辞性、论证性和适时性。

现场性和即时性

"到现场去"对于质性研究至关重要。质性研究方法论专家们在研究场域中要花费大量时间,才能避免研究流于表象。如果能有效说明与研究对象相处时间越长越有利于研究,叙事者就能获得权威。你的研究方式之所以卓有成效,是因为保持了田野研究的持续性,而研究结果也取决于你在研究场所中花费的时间。换句话说,你需要说明那些搞"突袭民族志"(Rist, 1980)的人不可能达到跟你相同的理解深度。而且你也需要非常熟识和了解研究对象和所观察的地理场所,不仅要了解研究对象的观点,更要理解他们所持观点与现实生活之间的相关性。市面上有许多论述田野研究的著作,可以将其作为范例加以借鉴(如,Lareau 和 Shultz, 1996;Watson, 1999;Wolf, 1996)。当然,你不需要把所讨论的内容都放在方法部分,事实上,这个部分也没办法囊括所有内容。

有的数据陈述方式具有非常强的现场性和即时性。下面具体说明间接树立权威的方式:

> 詹妮弗身着常穿的黑色裤子和彩色衬衫,走进教室。有时她的衬衫是洋红色的,有时是祖母绿的。今天她选择了南瓜黄。

这些小细节体现的内容,需要通过相当长一段时间才能掌握。

> 杰克·约翰逊吹着口哨,开始了比赛之后的那套规定动作。他在操场边角的橡树下集合了足球队,先让队长谈

谈她对今天比赛的看法。他问："詹，你认为今天的比赛怎么样？"他一边听取詹的评价，一边不时地点点头，全程都直视着她。等詹说完，出现了一小会儿静默。接着，像往常那样，他一边扫视全队，一边说："好吧，大伙说说看，你们怎么想？"一般情况下，大部分队员都会发表意见，所以他们会高高低低地举起手。今天，他先点了伯妮斯的名，用手指着她说："伯，你来说？"

使用"像往常那样"之类的词和指出球员"一般情况下"发言非常积极，都能说明通过长时间调研你对研究场所的熟悉程度。

这类叙事形式作为一种策略并不艰涩难懂，而且还非常有效，能充分展示作者的权威，而不需要自说自话。

理论性

"到现场去"尽管非常重要，但是单做到这一点还不够。一个人的取向、价值观、主观立场、身份认同都会影响到你的所见以及对研究对象观点含义的诠释。通过审慎思考充分阐释相关理论，解释自身关于研究主体的看法和对这个世界的认识，也能使你获得叙事权。

修辞性

叙事者通过运用修辞手法也能获得权威。我们说的"通过修辞"是指，通过增强言辞和文句手法影响他人，使他们未来的行为或信仰发生改变（Edgar 和 Sedgwick，1999，第340页）。作者使用的比喻或修辞格本身就是作品文辞的一部分，除了行文风格，还包括描述性语句，目的是向读者展示作者对研究对象的文化逐渐熟悉的过程。道格弗利（1990）在《熟悉资本主义文化》一书中，通过表现自己与访谈对象的自如相处而获得权威。研究者在研究过程中游刃有余，借助幼时经历获得的知识建立了融洽的关系。他阐释了不同时间段之间的差别（他的少年时代和开展田野研究时期），展示了自己在乡村环境中如鱼得水以及作为叙事者所持观点的优势。安妮特·拉鲁（1989）在《主场优势》一书中研究了学校教育和社会阶层之间的关系，她的权威的获得不是通过展示自己有多么了解学校制度，而是通过描写自己在某些方面比较无知、需要学习。这种方式是通过描写作者的不足来建立权威，使大家觉得即便研究者在展示自己的错误和无知，也是充满自信的，而最后的研究恰恰说明作者圆满解决了曾经面对的诸多难题。通过展示田野研究过程中常常发生的立场转换，作者也在尽力帮助他人解决问题。很明显，在这两个例子中有些策略之所以管用跟性别是有关系的，比如女性柔弱而男性强大，当然有时情况可能恰恰相反。叙事者不仅可以通过描述研究效果获得权威，展示自己的错误也能达成同样的结果。这样读者会通过更加了解叙事者的分析过程而产生更强的信任感。

这条叙事策略传递出来的信息是："请你相信我，我将把自己的缺点和优点、成功和失败都告诉你。你会了解所有情况。我什么都不会掩饰。你终会明白，我是值得相信的。"这也是一种获得权威的方式,而它的作用常常被人忽视。因此,这种方式应该被看作叙事策略,而不仅仅是"真相"或者研究价值的标志。

论证性

民族志研究的叙事者通过不同策略来论证自己对事情的看法。研究者"熟知"所研究的世界,而叙事者要努力向读者说明他们这么熟知的原因。作者要努力获取读者对自身权威的尊重,让读者了解研究者为什么要采用这种叙事方式。例如,《记忆之路的困境》(Biklen,2004)一文探讨了质性研究者们在研究青年群体时常常用到的特殊论证策略:

> 在研究青少年的民族志中,叙事者常常会描述自己的青少年时代,并与研究对象联系起来。大部分叙事者想证明这些记忆使得他们更容易接近研究对象,更容易了解他们的文化,更能与他们产生共鸣和增加理解的准确性。(第716页)

24

这条策略传递的信息是:因为我也是这么过来的,所以我了解他们。虽然该文对记忆的运用进行了批评,但是叙事者常常会用到这个策略来证实自己的权威。

适时性

你的论文题目有读者愿意看吗?如果你探讨的是热点问

题，或者探索前人未能触及的领域，又或者吸引了人们的眼球，你也能获得叙事权。有时很难说清楚什么时候才是好的时机。虽然文献有助于预测什么时候谈论什么问题比较合时宜，但有时候也只是推动了传统思维方式而已。跟他人展开讨论也是了解题目适时性的重要途径之一。

提出论点

每篇论文都必须确定论点。有的人可能认为提出论点就是要穷根究理。但事实并非如此。如果这篇论文支持某项政策、某个理念或者推动某种认识事物的方式，论文的论点可以采用论证式。但论点形式各有不同，如本节所述。虽然你在拟定研究计划和收集数据时可能对如何撰写论文有一定把握，但只有在完成数据收集后开始立论才能真正做到胸有成竹。这种情况非常普遍。在开展质性研究前，我们以为数据自会引领我们发现论点，并促成论文的完成。作为论文的中心，数据不仅能说明论文将要撰写的实质内容，更能说明论文"必须"和"不必"包括的内容。但是数据无法提供论点。但凡优秀的论文，其文章主旨都非常明晰，有助于读者了解将要阅读的内容，以及作者关于主题所持的立场。

论点是通过连贯的方式说明论文探讨的问题以及对问题进行讨论的方式。论文中必须非常清楚地说明对数据进行分析和提出论点的过程。而提出的论点必须与所采用的研究方法、提炼问题的方式、数据本身和将要建立的理论相匹配。研究就像一场对话，提出的论点在某种程度上与研究场所中发生的一切是密不可分的。

论文的每一章可以设置分论点，但整篇论文必须提出总论点。前言是立论部分，结论则是总结说明各章节之间的关联性，以及如何从不同角度论证总论点。论点并不一定富于雄辩，论文本身以辩证思维为主要特点或属于思辨类，则另当别论。当谈到"论点"这个词的时候，我们真正想表达的意思是指论文章节的组织形式，强调观点的重要性，特别是和你——论文的作者也是论文观点建筑师——之间的重要意义。"论点"是"以说服为目的的言语表达，表现为从前提假设到最终结论在内的一系列具有内在连贯性的陈述"。即便论点只是为了说明某种特定论述的必要性，当你的论述跟之前已经存在的论述发生冲突时，还是可以把这样的观点作为一种论点，因为你必须审慎思考：如何使得论文前后连贯以便清楚地表达这个特定观点？

论点的类型

组织论文各章和整篇论文的立论形式多种多样。分章节采用不同的立论形式并不会产生任何不良影响。本节我们要谈到六种比较有效的立论形式，仅供参考。

分门别类型

采用这种类型时，要将整篇论文分成不同部分，然后再分别进行叙述和分析。对每个部分内容的理解会影响到读者对论文整体的把握。譬如，当论文是研究冲突、解决与自我调节的关系时，我们会用一章专门论述女性教师如何处理工作中的矛盾（Biklen，1995），将教师处理矛盾冲突的方式分成不同类型。比如，"勉强服从"，是指老师不敢明目张胆地提出诉求，担心丢掉工作或触怒管理层，因此会遵守学校管理层和学区的规定；"僵持不下"，是指老师刻意忽略那些让人感到不愉快的事情，但矛盾仍旧无法解决；"偷偷抵制"，是指老师不愿意执行学区的政策和实践要求，但又不愿意公开表示抵抗；"公开抵制"，是指老师因无法忍耐而明确拒绝遵守某些政策。

上面的研究提出了不同类型教师的抵制行为，这个例子也说明了如何通过分类提出论点。类似论文例子还有很多，比如教育类旅游的类型，谈论种族的方式，教高中困生阅读的不同策略，大学生观察到的各种种族歧视，医生划分早产儿家长类型的研究，等等（Bogdan，Brown 和 Foster，1982）。对于读者来说，了解这些类型有助于更好地理解作者的观点，也是提出论点的有效形式之一。

问题（自问）解答型

如果论文的每一章只阐述一个观点，那么可以考虑采用这种策略。一个总问题下面可能会包括多个更细化的观点，一次只提出一个问题可以让读者的精力和注意力始终聚焦在主要观点上。比如，为什么女大学生很难直面回答那些关于性别的问题？此类问题就可以用作论文某章的论点，并通过分析数据最终找到答案。读到这章结尾处时,读者应该明白导致这些女大学生答不出问题的四到五个原因。有的问题既可以统领一章也可以作为一篇论文的主要问题,比如为什么老师在开展性教育时,即使出于好意,也没办法让女孩们给自己的身体赋权?通过这种方式,只要证据有力和问题恰当,就能够产生明显的效果。

价值论证型

如果与论题相关的研究不足、重要性没有得到体现,那么采用这种方式可能会比较适合。论文的前言章节一般用来使读者信服某个研究主题之前被低估,没有受到足够重视,或者被过度研究,但是因为主题的重要性,这些问题都值得给予更多关注。之后的三章数据章节要从不同角度提出论点。比如下面两篇论文就是采用这种方式,与主题相关的已有研究都不充分:拉拉队员和毕业舞会。两位作者都想通过研究相关主题探讨关于性别、种族和阶层的问题。其中一篇论文(Swaminathan,1997)的论点是,虽然学生在学校里练习啦啦队,但是啦啦队和学校生活是完全不同的领域。例如,在市内学校,当上啦啦队员对学生来说意味着"出人头地",而在比较富裕的城郊学校则意味着被运动员的队伍淘汰了。《学校教育和流行文化的产生:高中毕业舞会上主体性协商行为》(Best,1998)是第一部研究毕业舞会和文化相关主题的学术著作。几年之后,当关于毕业舞会的报道占据各大新闻头条,这个主题也就成为热门论题(详见 Best,2000)。

第二章 优秀论文的要素

特定概念型

这种立论方式采用特定方式论述主题。例如，当下许多学者在研究残障人士的时候非常强调权力保障（如，Schwartz，2006）。如果这种研究方法在你所在的学科还没有得到广泛运用，这种立论形式就非常重要。比如，如果大多数研究智力发育迟缓的学者采用发展论或者临床论的视角，那么运用残障权力视角则从相对角度对这个问题进行思考，对大家认为理所当然的那些观念提出了挑战。南希·雷斯科（2001）对青少年的研究就是对青春期进行概念化的例子，说明用发展论的视角理解青春期只是把青少年当成发展不健全的成年人，可能产生一系列不良后果，因此作者从相反的角度支持社会建构主义视角。

专有理论型

这类立论的方式先描述不同的理论立场，然后指出只有一种理论视角适用于研究主题，其他理论都不适用。如果你的研究能推动某种理论发展，就可以采用这种形式，如果用多个理论来解读数据则不适用。论文中必须先介绍几种不同的理论视角，最后确定一种并解释这种视角对于研究的深远意义。在《K有精神病》中，多萝西·史密斯（1990）通过建制民族志的研究方法，展示了一个人对成为精神病的论述跟在他人眼中看到的经过竟然截然不同。如果你非常想推动批判种族理论或交叉性理论的发展，可以通过使用数据来达成目的。班克斯（2006）也采取了这种形式来论证，对美国黑人女性的大学经历进行研究，有助于拓展和完善布迪厄的文化资本理论（Bourdieu，1984，1997）。虽然布迪厄关于社会资本的理论有助于解释社会再生产过程，班克斯则展示了其他形式的社会资本有助于提高这些黑人大学生的能动性，帮助他们克服对大学要求的陌生感。采用这种模式时，必须确定理论和数据之间的相互匹配性。

多角度型

这种论点展示了关于某个主题多个相互对立的论述。例如，在一项符号互动论的案例研究中，作者论证了在一个单一场景中，不同参与者对自己的主张立场投入不同（Luschen，2005）。还有的研究采用了多点民族志的方法（Marcus，1998），比如莱拉·阿布卢霍德（2005）在她对埃及电视的研究中，论证了某些思想在文化内部和文化之间的流传以及在不同社会中的不同阐释。还有的研究揭示了情绪劳动在不同场景中的实施和评价（Hochschild，1998）。跟之前讨论过的论点类型不同，这里探讨的符号互动论和多点民族志理论能促进立论，但是立论的中心点应该是数据而不是理论。

简而言之，一篇优秀的论文需要具备多种条件。本章讨论了炮制论文过程中需要考虑的一部分"调料"，从而使读者阅读论文后，能从新的角度思考某个之前理解不透彻的领域。作者的目的是努力完成一篇论证有力、无懈可击的论文，包括文献阅读、研究计划、数据收集和分析、写作和修改等部分，即使不用说破，也能让读者领会到你在论文处理上下的功夫。

第三章
论文导师和委员会

　　论文委员会由导师和几位成员组成。学校和学院的政策不同，关于委员会组成的要求也不同。一般来说，委员会核心成员比评阅人发挥更实质的作用，后者不参与论文答辩，或者直到答辩阶段才略有参与。但是也有像雪城大学社会学系这样，两位评阅人跟三位委员会核心成员从一开始就会进入委员会，参加论文研究计划书答辩并提出修改意见。而像雪城大学教育学院，两位评阅人直到论文写作完成后的答辩阶段才会参与，也不能是论文答辩人本系的老师。作为论文答辩人，你与委员会中部分老师的关系会比其他人更密切，而且与导师的关系会尤其密切，因为他/她通常是委员会中对你最重要的人物，当然，如果你和导师之间的关系不太融洽的话那就要另当别论。

　　论文委员会应该言传身教，并把好论文的质量关。在这里，言传身教主要指对博士生进行指导。委员会成员应该支持学生研究，适时提出建议，善于运用表扬和批评等方式辅助学生完成论文写作,做好答辩的准备。成员们还要秉承教授的职业操守,承担守门员的职责,确保学校将学位授予那些最合格的学生,而这样的学生必须熟知研究的全过程,能有效地开展项目研究。这些目标之间可能会相互矛盾。教授们对研究过程和教授职业规范的理解不同,学生的历程也各不相同。当然,你所在学校的具体情况也是必须考虑的因素之一。如果你的委员会成员认为他们的责任是维持"大学的水准",那么他们的期望值肯定与那些持有较低标准的人不同。我们并不是说,竞争性强的高校对论文质量的要求比知名度较低的学校更高。有时候事实恰恰相反:那些不需要为名誉声望考虑太多的学校反而会允许学生开展富于创造性的研究。

关于资格和标准的术语表述由来已久。通过排他性,这种思维方式阻止了某些群体获得学术资格,而同样的方式也曾经用于维护因肤色、性别和阶层而享有的特权。有色人种、工薪阶层家庭的学生、有多个身份标签的女性在获得博士学位的过程中还需要面对更多其他的障碍。并不是因为教授认为他们没有获得博士学位的资格,而是因为他们要与一些根深蒂固的问题、方法和预设进行抗争。放开博士学位的门槛就意味着,想要完成博士论文的学生在重要议题、推动研究问题分析的方法和感兴趣的研究风格等方面都与教授们的看法迥异。比如,采用批判种族理论的学生可能对比较散漫的叙事风格或自传民族志的某些形式特别感兴趣,但是教授可能对这些一无所知。不过,质性研究方法的灵活性比较强。在美国,其缘起自杜波依斯关于费城的问卷调查和以罗伯特·帕克为标志性人物的芝加哥学派，与对社会公正的追求密切相关（Bogdan 和 Biklen，2007）。因为所有相关历史都跟委员会关系交织缠绕，所以，跟导师和委员会成员处好关系是非常重要的。

委员会的教导成果会随着论文在研究和写作的过程中逐渐成形而慢慢显现。委员会可以在论文写作过程中，提供建议和帮助，发挥意见征询的作用，适时给予支持和批评，并且把所有要求明确传递给学生。而在答辩的时候，委员会的角色就会发生改变，变成评审委员会。鉴于这两大作用，委员会就是论文的主要受众。本章主要介绍成立委员会的有关事项，如何处理相关问题，如何与委员会相处以及解决可能存在的各种矛盾——特别是选择导师、与委员会打交道、权力关系、（接受）批评、冲突和支持、协调差异。下面首先要说明的是，委员会是论文的受众。

委员会就是受众

出版商和与书籍销售人员都常常从市场的角度看待出版物。市场包括出版物面向的所有群体，即作者的写作对象或作者在脑海中想象出来的读者群体。市场可能包括少年犯、悬疑小说和科幻爱好者，或者爱好历史的读者。如果想将博士论文付梓，你可能也在脑海中勾勒过论文的读者将有可能买你的书来读。但是现阶段论文的主要读者是委员会的成员，他们对论文应该如何撰写有特定标准。虽然不同学校的标准可能有差异，但内容都会非常具体，并且体现某些共同价值观。

把论文委员会与商业市场相提并论可能不太妥当。当然，大学也不会要求学生按照商业模式撰写论文。但不管怎样，写作都有对象。这里的"对象"并不是由同僚组成的评审小组。论文委员会可能既与你私下认识（希望如此），又代表对你博士研究水平进行认证的学术机构和文化。虽然委员会是学校的代表，但是委员们对自身职责的理解会不尽相同。不仅因为对博士论文的要求存在学科差异，即便在同一个系或同一个学科，不同的人对博士论文的理解也不同。有的教授可能偏好特别个性化的写作风格，比如像卡罗琳·埃里斯的论文采用了自述民族志（1991，1997，2004），但有的人可能认为这种风格过度美化自我，因此并不认同（Atkinson, Coffey 和 Delamont，2003）。研究批判种族理论的学者可能非常强调边缘群体在叙事中的主体地位（Duncan，2002；Ladson-Billings，2003；Solorzano 和 Yosso，2002）。有的教授可能鼓励采用芝加哥学派开展质性研究的模式，或者由多萝西·史密斯开创的建制民族志（1987，2005）。有的教授可能更偏好运用了女性主义或后殖民主义理论框架的论文。无论论文采用哪种风格或方式，委员们都会想要了解具体的研究数据。因为对于经验型研究来说，专家们会非常想了解研究者对数据进行分析的过程，以及该研究与研究者专业领域的匹配程度。

你需要充分了解委员会各位成员对论文设定的标准。可能你的院系会流传一些小道消息，从中可以了解到某些教授的标准，以及在委员会指导下完成论文的过程等信息。而且学校里面随处都有可能听到类似的传言。你可以通过与教授们直接交流来了解不同人的标准,也可以通过别人推荐的优秀论文来了解相关信息。既然论文导师的作用举足轻重,我们就从他开始,然后再谈其他人。

论文导师

论文导师这个人物对你的一生至关重要。导师应该知识渊博、经验丰富而且能支持你,最好能充分理解你所遇到的各种障碍,并能充分挖掘你的潜力。假设你跟导师约定见面,但是你因患有临床抑郁症而影响了论文写作,你肯定想得到导师的充分理解。你可能给导师发送如下备忘录,让导师同情你的遭遇:

> 老师好!
> 不知您近来可安好?
> 不好意思我的信晚了,没有及时向您汇报论文最新进展,因为过去四个月我都在生病。直到几周前我才确诊感染了EB病毒,患上了常说的慢性疲劳。那之后,我一直在接受各种治疗,但同时还在坚持上课。

一般情况下,如果遇到这些难处,导师都能理解。而且如果导师对你放任自流,不等你做好准备就让你举行答辩,这种情况肯定也不是你所乐见的,通常会导致论文需要进行大范围修改,或者面临通不过答辩的后果。

论文数据必须翔实,分析严谨,论据合理。你与导师之间最好能建立起这样一种关系:无论遇到的问题多么复杂,无论是关于数据或是个人生活,你都愿意如实向导师做出说明。这也意味着,你与导师之间应该相互信任。你们之间的最佳状态是,在你的内心深处,导师是最关注你切身利益的人。当然,你与导师之间的关系可能比表面上看起来更加复杂。导师的利益也因指导学生建立的关系而与之息息相关。如果你的导师是第一次担任论文委员会主席的角色,他/她可能会承受来自履行主席职责、扩充知识面、"好好"指导学生等方面的重重压力。如果导师对你的表现投注了心血,而你能写出一篇优秀论文,那么对导师也是有益的。不过,即便与导师之间的关系非常融洽,也有可能存在许多复杂的问题。鉴于这个原因,我们非常重视建立相互信任的师生关系,只有这样才能保证双方沟通顺畅。本章将花更多笔墨讨论与这个主题相关的内容。

选择导师

无论是学生还是导师,每个人都会有特定的行为处世风格。这不是什么新奇的言论。但是当涉及挑选导师和组建论文委员会的时候,这一点尤其重要。导师和委员会的常见风格包括正式型、井然有序型、随意型、互动型、循规蹈矩型、暖心型和疏离型几大类。学生、导师和委员会成员需要通过面对面的方式,相互协商确定相处模式是单一型或是复杂型。另外,因为教授往往比学生的权力更大,这种权力关系往往也会影响双方的关系,而且大多数情况下会产生直接影响。最理想的情况是，当你邀请某位教授做论文委员会主席时，你们之前已经通过共同参加项目、选修该教授的课或者担任该位教授的助教或助研而相互认识。如果是这样，你多多少少会了解一点该教授的风格。不管在委员会开始运作前你对各位教授的了解程度如何，这种了解都会随着论文的推进逐渐加深。例如，我们两位作者之一的风格比较随意。学生有时候会误认为非正式意味着要求低，而每当发现她的期望值非常高的时候，都深感意外。

我们的前提是假定你在挑选导师时有多种选择，也假定在确定论文委员会主席的人选时也有多个选择，而你要做的就是充分考虑他们的不同风格，从中选择你认为最合适或者最能帮助你完成一篇优秀论文的那个人而已。当然，实际情况常常事与愿违：可能你们系可选的教授只有两三位，或者可能只有一个老师了解你的研究主题。就算是这样，你对师生关系了解得越透彻，就越能对这段关系产生实质性的影响。

与导师打交道

你可能想给导师留下这样的印象：你的研究项目有趣又重要，非常期待你能高质量完成论文研究。如果你的导师不太了解论文指导过程，那么你们需要一起学习如何与对方相处。如果你的导师指导博士生的经验非常丰富，他/她对整个过程的所有环节肯定了如指掌。如果导师考虑问题比较全面，那么除了熟悉整个过程，对学生设定明确的要求和目标之外，他/她也会充分考虑学生的行为处事风格、思考问题的模式和实际需求。如果导师觉得从跟你的相处中能学到很多东西，那么你们的关系将完全不同于那种建立在只把你的成果当作导师工作附属品基础上的师生关系。你肯定希望导师把你们之间的关系理解成一种协作关系。导师有深厚的学术造诣，也有理解事物的特定角度，而通过你的作用，导师会更关注某些特定问题、探讨途径以及新兴领域。你还可以通过比较活泼的方式在知识或政治层面提出与导师不同的意见。如果能建立这样的师生关系，你就不会因为需要寻求帮助而担心会让导师认为自己非常笨拙。曾经有学生在期望得到建议时是这么说的："我的问题是，怎样才能避免用论文原话来小结这章的论证内容。谁能帮帮我！"她并不担心如果寻求建议的话，别人会看低自己的能力和水平。

我们已经说过，你和导师各有所长。但是在这种等级制度中，你和老师之间的关系肯定不平等。这种权力差异不能忽视。有时候，各自钻研的领域不同还会导致冲突。你需要做到的是，分析冲突根源，并尽力明确表达出来。导师在跟某位学生相处时，会带入跟其他学生沟通交流时形成的习惯。当导师在分析具体情况时，通常会以跟其他学生打交道的历史经验为参照。但是，你只需要为自己的论文站台。比如，有时候因为各自阅读的文献材料不同会产生冲突。这倒并非刻板印象。导师的确可能更了解社会学、心理学、教育史、阅读教育或社工领域的传统文献，而学生可能对当下或者跨学科的新近研究更感兴趣，了解得更多（反之亦有可能）。

作为导师，我们在指导博士研究生时常常遇到这种情况：

如果学生的论文有成为优秀论文的潜力，我们会根据情况建议学生重写部分章节、继续丰富数据或者扩充结论。如果你和导师之间建立了相互信任的师生关系，即便你认为没有必要重写，也会听从导师的建议进行修改。根据我们的经验更常见的情况是，在论文答辩过程中，答辩人总会说，"当导师要我重写这个部分时，我还在背地里表示过不满，现在我非常高兴听了导师的话"。就像做田野研究需要不断与研究对象沟通研究重点一样，论文完成的过程也需要相互协商。在上面的例子中，导师根据经验坚持让学生进行修改。如果你认为导师过于挑剔，就应该充分表达自己的观点和兴趣。沟通可能会使论文更加完善，因为即便导师认可你的观点，你也需要在清晰论述研究内容和写作过程方面不断提高能力。

与委员会打交道

论文导师与接受指导的学生之间的关系可能会存在许多问题，与委员会之间的沟通协商同样也是如此。有时候几方达成共识是水到渠成的结果，特别是当委员会成员合作融洽，有共同的兴趣点和价值观，处事方式灵活时，会大大减少相互之间出现小摩擦的情形。每个成员可能都对答辩者的研究非常感兴趣，认可研究主题的重要性，熟悉其他成员评判论文时运用的理论导向，或都认为论文在某些方面需要修改。下面是不久前发生的事情。某个委员会的成员们在审阅了一份接近完稿的论文初稿后都认为，文献述评部分不足以支持研究主题的相关论证。学生根据委员会的意见努力重新充实了文献述评部分，最后这篇论文获得了优秀等级。也有的时候，委员会的成员们都是卓有建树的教授，都针对论文提出了深刻的分析和批评，但有可能最后提出的修改意见却截然相反。有时候可能某位成员认为论文应该加强理论性，而另一位却认为论文要加强描述性。遇到这种情况，论文委员会主席必须从中进行协调，保持友好的氛围，促使成员们消除分歧以达成共识。如果产生冲突的成员之间态度友善，相互尊重，沟通起来会比较容易，避免一味认定自己的观点是对该项研究唯一正确的理解。

有的时候，成员之间达成共识的基础比较薄弱，很容易打破，或者根本无法达成共识。在这种情况下，委员会碰面时的气氛可能会非常紧张，因为教授们无法顺利地沟通，或者对论文的内容、观点及其他方面从根本上意见相左，又或者教授们可能利用开会的契机解决他们的其他矛盾。当你非常渴望尽快完成论文的时候，如果委员会出现这样的问题，可能没有比这更糟糕的状况了。事情虽然很少会糟到这种程度，但不能排除发生的可能性。比如，跟其他成员比，某个成员在某个主题方面的研究比较深入，所以可能会认为学生"对主题理解错误"。又或者，委员会成员可能在数据呈现方式、研究对象的选择、数据分析过程及对研究意义进行理论提炼等方面有非常严重的意见分歧。

如果要减少合作中产生的各种摩擦，有一个办法可以考虑，即尽量提早开始跟委员会沟通，不要等到最后。虽然跟你打交道最多的人是委员会主席，但是以字数不多的备忘形式向委员会汇报论文进展也能取得不错的效果。如果你能做到定期联系委员会各位成员，就不会导致他们直到你即将完成论文的时候还对你的研究一无所知。

从挫折中汲取教训

对于所有的博士研究生来说，碰到难题是再正常不过的事情了。有的难题跟导师和委员会成员相关。大家可能上一秒还对委员会心怀感激，下一秒又因为他们而感到愤懑不平。这种反复的情绪可能会一直持续到论文完成。为了避免因挫折感而导致针对他人的对抗情绪，尤其是对那些掌握论文生杀大权，还会在将来求职时推荐和支持你的人，如果做到"心胸开阔，行为冷静，虚心接受批评并能保持积极心态"这几条，将会使你在学习和工作中受益匪浅，并且取得长足的进步。委员会成员们一般会根据自己的专业背景以及对论文的评判，在他们力所能及的范围内帮助你。尽管你有可能同他们观点相左，也不如他们的经验丰富，但他们的意见可能与某些关键人物一致，比如那些有可能给你提供工作岗位或者研究资助的人。

曾经有这么一件事，有一名学生的论文委员会位成员建议他开展与教育相关的非传统质性研究，以便充实论文的内容，解释论文对教育的重要性。而学生觉得那么做是多此一举，他认为自身的研究与教育之间的关联性已经显而易见了，即便一时不了解其中关联的人，只要看到"这是一个文化研究"之类的表达就应该知道二者之间是相互关联的。学生虽然万般不愿意，但还是按照该成员所说的去做了。在论文答辩的时候，有的论文评阅人不太了解文化研究理论，纷纷对研究者主动分析自身研究领域与教育相关性的做法表示了认可。几个月后，当该学生去面试大学教职的工作岗位时终于意识到，向那些不熟悉文化研究的外行人解释自己论文主题与非传统教育情景之间的关系是多么重要。当初被迫这么做的时候，他还觉得自己遭到了背叛，对论文读者使用了高人一等的语气，论文的格局也受到了限制。而他最终也明白了，作为思考问题的一种方式，这位委员会成员对学术圈、求职、论文委员会和读者的相关经验和了解，都是自己所缺乏的。

还有一位已经毕业的博士研究生曾经谈到过，她后来非常感谢一位委员会成员的反馈意见，而当时，她觉得那位委员提出那些意见只是为了为难她而已。对于很多完成论文的学生来说，因论文委员会成员的质疑和批评而产生挫折感只是他们遇到的众多难题中的一个，其他困难还包括找新工作、同时上多门课程、完成本职督导工作、养家糊口，当然还包括因为这些困难产生的压力而导致身体抱恙。但是像其他完成论文的学生一样，刚提到的那位学生也得到了别人的帮助。而当别人帮不了她的时候，她最终靠毅力克服了困难。最后，像那位论文关于教育和文化研究的学生一样，她也懂得了，虽然要面对当时论文委员会对她论文理论部分提出的质疑和批评不是件容易的事情，但事后再看却是非常宝贵的经历。她是这样说的：

> 我也不知道，碰到了这么多问题是否都是因为我这个

第三章　论文导师和委员会

单亲全职妈妈的身份，跟从事质性研究没什么关系。我答辩的那个春天过得真的很艰难。前一年秋天我开始入职一项新的工作，同时开设了三门课，另外还督导了六位新晋教师，除此之外还要努力完成论文答辩，并且当一个好妈妈。这些都让我感到非常厌倦。但是最后我没有崩溃是因为我参加了写作小组，也有非常支持我的家人和善解人意的导师，并给自己设定了论文完成日期。我论文的症结在于如何整合理论框架。我的导师和第二评阅人对我研究的理论框架应该包括的内容，及其对研究的决定作用（社会建构主义还是教师设计和探究式学习理论）有不同的理解。当时我已经完成了一稿，主要是以关于教师设计和探究式学习为理论依据进行数据分析的。我的导师认为论文已经基本上可以完稿了。但是第二评阅人读完我的论文后评价很低，其实我也很不看好！在她看来，论文根本没有达到要求。在我们见面她向我表达意见时，还问起我之前修了哪一位老师的质性研究课。我提醒她，我那门课的老师恰好是她。当年我不仅要修满6个学分，而且刚入职了新的全职工作，教四年级，并且还要带孩子。那次面谈之后，我们三人还专门当面讨论了论文的整体框架。C和M（代指这两位委员会成员）专门就我的理论框架及其如何决定论文整体结构达成了一致意见，而且都认为这个观点是属于我的。当时，我其实并不在意这一点。毕竟论文是否能完稿需要他们两位都同意才行。我需要他们把各自的期望和要求明确地告诉我。我当时认为（现在仍这么认为）整个过程就是一种博弈。（我在教学时也发现，自己有时候提出的问题带有暗示性，其实是在等学生猜中正确答案。我认为如果老师这么做，对学生是不公平的。所以我一般都会直接告诉学生我有哪些要求。我需要让评阅人意识到，他们其实有很多具体要求，需要直接告诉我，不要再让我费心猜测。）那次见面之后，我概括了一下从社会文化学的视角，应该如何重新分析和解读数据并完成论文。以这个思路为指导，我才在那个学期修改好了论文并最终完成了答辩。我甚至还很享受修改的过程。通过运用不同的理论框架，我才真正对最初的研究问题进行了深入思考。虽然我曾因没有达到 M 的要求而感到非常沮丧，但最后我还是非常高兴 M 是我的第二评阅人，她让我对研究过程、使用的理论和收集到的数据有了非常深刻的认识。非常有意思的是，在答辩的时候，另外一位委员会成员问我为什么在论文里用那么多花哨的理论词语。M 帮我回答了这个问题，说是她要求我这么做的。后来我跟她说，那个问题对我来说其实一点儿都不难——正是因为运用了这些"时髦"的理论词语，我才能深入理解所研究的课堂上发生的那些事情。

上面两个例子都说明，对论文进行修改是非常值得去做的事情。而且，事实上你在答辩后也需要教授的推荐信去申请大学职位。如果与委员会有任何分歧，最好从根本上彻底解决，这样你才不会只是因为自己是学生、对方是教授而不得不接受他们的建议。另外，如果你和导师之间有良好的师生关系，相互尊重、相互信任，导师就会倾听并切实考虑你的意见。你们之间的分歧可能是关于论文文献综述的范围，或者是否应该在方法论部分着墨讨论与某个受访者之间的不良互动，有时候分歧可能会比这些更严重。当你们在讨论关于论文各自的不同意见时，其实就是在研讨论文。

但有时候，如果分歧是关于代际、性别、阶层冲突或种族政治的，则会引起一些矛盾，仅靠直接讨论是无法解决的，因为这些分歧远比表面上看到的更加复杂。如果你选择了女性主义、批判理论或者反种族歧视的理论立场，你很可能会想要挑战传统的论文写作方式。比如运用个人叙事、另类民族志方法，或者表达比较强烈的政治论点。如果你和导师在这些方面有不同意见，你们需要解决的是分歧的根源，而不是引发冲突的表象问题。当然也可能，在你看来研究主题与种族、阶层、性别或者残障等问题无关，但教授们可能会要求你再想一想。请不要想当然地认为教授或者学生应该持有什么样的观点。

慎重对待批评

你与论文委员会之间最重要的互动之一就是他们会对你提出批评。我们所说的不是那种出于恶意、一味贬低人的批评。虽然教授们很少给出那样的批评，但是学生在脑海里对批评的臆想就是那样的。相反，我们认为批评是指一些非常实用的评语，既是对论文潜力的认可，也是对作者如何进一步提升的忠告。或许，"批评"这个词用得并不恰当，或者我们可以称之为对论文的"分析"或"评论"。鉴于"批评"用得最多，我们仍然沿用下来。

你应该最渴望听到对论文、观点、数据和分析比较积极的批评，因为这样的批评说明这个世界上有人能理解你的研究、想法和你本人，也说明委员会成员们非常看重你，所以才从他们的有利角度提供各自对论文的观感。不过委员会成员们的批评并不总那么"正确"，或者至少有可能并不"精准"。但即便委员会成员们的批评在你看来并不正确，至少也说明了你的论文并没有让读者领会他们应该理解的内容。你可以根据这类批评所指的相应章节对其进行修改。

有时候委员会成员们的批评会让你如沐春风，因为你知道他们理解了论文所要表达的内容，提出的修改建议也非常有道理。这样的批评对你而言就像多了一个人帮你审视文章，从他的观点中可以看出，虽然他不如你对文本那么熟悉，但是也非常认真仔细，对你的研究非常投入。好的批评不仅告诉你论文哪里写得不好，而且会为你指明方向，或者提供方向的不同选项供你选择。好的结果就是，当你从某个委员会成员办公室走出来的时候，你脑子里闪过的一句是"他说得太有道理了"。

如果论文提交时间快要临近，在面对批评的时候，你可能很难保持良好的心态。论文肯定要经过反复修改，如果指望委员会出于同情而放松要求，那是不现实的。当听到学生说如果某个日期前完不成论文就会影响他们的签证、就业、生子或者结婚时，新晋教授们可能会倍感压力。即便这些事情与论文有一定相关性，但绝不是论文质量的决定因素。另一方面，论文只是你所开展的研究项目其中之一，而不是唯一。

如果你把批评看作别人认真对待论文的表现，用这种心态进行沟通会使你有更积极的表现。批评并非意味着委员会不"喜欢"你的论文，正如不提出批评也不一定意味着他们看好你的研究。"喜欢"和"不喜欢"都比较表面，不适合用来描述对论文的评价。

论文导师与批评有关的角色会随着论文写作的进程而有所变化。在论文写作过程中，导师的作用是推动你撰写高质量的论文。优秀的导师应该提出批评（和鼓励）。如果导师没有这么做的话，说明他/她没有尽职尽责。而在论文答辩时，导师的作用则变成帮你尽量减少论文的修改。导师不可能使你免于论文修改，但是他/她可以用实际行动表示对论文的支持。

慎重对待委员会

论文能满足不同目的。它既是严格的研究生教育的里程碑，也是职业发展（如果打算从事学术研究工作）的敲门砖。当你在高校中谋得一个职位时，可能需要做一个关于论文的报告，或者在论文的基础上再制订一个研究计划，又或者需要开设与论文相关的课程。论文还要能展现你进行理论建树、做文献综述、开展研究以及学术写作的能力。论文委员会成员所关注的问题和兴趣点可能各有不同。事实上，最佳委员会组合应该是，委员们对同一位学生提出不同的要求：对理论的把握非常重要，特别在求职面试时如果展现出对不同理论的了解会非常有帮助，因此有的成员期望你对论文的理论部分进行提炼（运用"时髦词汇"）；有的成员可能认为你应该完善研究方法部分；而也可能有的成员想让你重点讨论的主题却是其他成员想让你从论文中删去的内容。要学会变通，整合各种批评并找出共同点，要有耐心和毅力，做到这些不仅会对论文写作有所裨益，也会有助于将来适时使论文有机会出版发表。（谁也不能保证三位评阅人在读过你的论文之后会得出相同意见。）这也会使你有所准备，处理跟晋升和职称评审委员会的相关事宜，那些专家很可能对你的研究工作也持有不同意见。

委员会成员关于论文的反馈意见一般都会各不相同。要面对各种各样的批评意见可能会让你觉得不胜其烦。但是如果能学会理解不同的观点，并且做到游刃有余，就会对论文质量的改进很有益处。在论文写作过程中就懂得这些道理，总比工作几年之后才明白或者根本不明白这些道理要好。这并不是说，你应该感激这种无休止的沮丧感和被别人牵着鼻子走的感觉，但就像前面说的那样，论文的目的有很多。那些鞭策自己从论文写作的过程中有所收获的人，至少会掌握相关的知识和能力，使自己变得更专业、更有毅力，更能理解他人，也更加自信。

第四章
保护人类研究主体

保护人类研究主体属于社会科学家的道德问题。研究项目会涉及许多道德问题。当伯顿·布拉特和同事们在雪城大学成立"人类政策中心"时，该中心的研究人员曾走访了多个与智力残障人士相关的研究机构，实地调查滥用人类作为研究对象的事件。研究人员自身也碰到了道德困境，当遇到与道德问题有关的情形时不知道应该怎么处理。比如当看到犯人被拴在墙上，应该如何反应才是有道德感的呢？是应该立即将这些机构发生的事情公之于众，以求得短期内有所改变；还是应该大声疾呼，争取引起管理层的注意，指望通过管理层改善待遇环境；或者应该继续收集东北部地区相关机构的数据，整理撰写成论文在期刊上发表，证明在多大范围内发现了各种不人道待遇？这些研究人员面临的道德困境仅靠一些规定或程序是很难解决的。他们需要与不同的人进行广泛深入的讨论，然后才能决定碰到这类情况后应该怎么做。

尽管对这类道德困境的讨论非常重要，但这并不是本章要讨论的内容。聚焦于伦理审查委员会通过监督制度处理过的道德问题，可能更为实用。所有大学都要求以人为研究对象的研究向审查委员会提出申请，只有得到批准后才能开展研究，除非是历史学家从事与公众人物相关的口述史研究等少数类型，其他类型的研究都不能例外。本章会说明伦理审查委员会规范人类主体保护的内容和具体方式，也对如何提出申请并获得伦理审查委员会批准提出了一些建议，以及他人曾经遇到的问题实例。如果想要了解你所在大学的特定要求，学校官方网站能提供最权威的信息，一般都可以查询到相关要求和下载表格。许多质性研究方法课和教材里也会提到伦理审查委员会审批的问题，在上相关课程的时候应该可以获得更多信息。多年来，我们一直从事质性研究，也承担伦理审查委员会的工作，因此对保护人类主体这个主题了解得比较多。

伦理审查委员会的功能

创建伦理审查委员会的目的是规范高校教师、学生和研究人员开展研究，既要尽可能确保研究遵循一定道德标准，又要尽可能保护高校免于承担使研究主体陷入危险境地的风险。虽然申请的书面工作比较烦琐，但必须明确的是，委员会本身的职能既有风险管理又要坚守道德规范。监管委员会是这么定义研究的：与人类主体有关的学问，其目的是创造可以广泛传播的知识。

伦理审查委员会发展的动力源于过往研究中出现的各种道德失范。伦理审查委员会的成立最初主要是因为历史上在医学研究中发生过利用和伤害信息提供人的情况。最早可追溯至纽伦堡审判，当时纳粹集中营的医生不仅用囚犯做实验，而且还虐待他们。这个审判提出了如何通过制定规则来规范对待病人的道德行为。另外一个与建立伦理审查委员会非常相关的知名案例也与医学研究有关。曾有一个由政府资助的名叫塔斯科基的试验，试验对象是阿拉巴马州塔斯科基市一群患有梅毒的黑人。他们已经处于梅毒的最后阶段。从1932年至1972年，约600名亚拉巴马的非洲裔男性成为美国医学研究的实验品（Reverby，2000）。因为这些人没有任何权利，政府认为可以随意用他们做实验而不必承担任何罪责。根本没有人告诉这些人他们的真实病情，有很多人因没有得到任何治疗而死去了。他们只知道自己患有"坏血病"［因此关于这个试验最出名的那本书就是以此命名的（Jones，1993）］。医学研究者们想看看疾病会如何摧毁这些黑人男性的身体，因此他们眼睁睁等着这些黑人死去，然后再做尸体解剖。上面列举的是触发伦理审查委员会成立的一些关键事件，也说明了对如何处理研究道德问题做出了制度化的回应。

伦理审查委员会的运作形式可能各不相同。有的大学，特别是设有医学院的大学，会设立多个伦理审查委员会处理不同类型的研究。威斯康星大学设有专门处理教育学研究的伦理审查委员会。有的大学设有两个伦理审查委员会，一个负责社会科学研究，另一个负责医学和"硬"科学研究。当然，大部分学校只设立一个伦理审查委员会，用以处理所有学科的申请。如果是后一种情况，确保伦理审查委员会中包含所有学科的代表，共同参与处理相关学科的申请，这一点尤其重要。正是因为伦理审查委员会的形式多样，所以必须了解自己所在学校的既定程序和做法。

伦理审查委员会关注的根本问题是人类主体在研究中如何得到保护。在设计研究时，研究者最需要注意的一点是，必须保障信息提供者拒绝参与研究的权利。伦理审查委员会要确保研究对象没有被迫参与研究。研究人员需要征得信息提供者的同意才能让他们参与研究，并且让他们了解在参与研究的过程中需要做些什么。比如，参与研究的时间有多长？你将如何保护他们的隐私？是否存在你无法保护他们隐私的情况？参与研究给信息提供者带来的好处是否多于他们面临的风险？这些都是伦理审查委员会在审查研究计划书时会特别关注的问题。

为了了解研究的好处和风险，当伦理审查委员会对所有研究计划书进行评审时，会全面审核整个研究设计。虽然伦理审查委员会成员的任务并不是批准或否决研究设计，也不评价研究人员开展研究的能力，但他们需要确保研究能带来一些益处。因此，如果伦理审查委员会成员发现研究设计存在巨大漏洞，对该研究的评审意见很可能是"不予批准"，这个意见主要针对研究方法的论述部分。

第四章　保护人类研究主体

熟悉伦理审查委员会的政策

从全国的情况来看,伦理审查委员会越来越强化规制,灵活性越来越低。生物医学领域的操作范式既适用于社会学科,也适用于医学。因此,因近几年宾夕法尼亚大学和约翰·霍普金斯大学的病人/研究主体出现了死亡的情况,伦理审查委员会加大了对所有学科研究的管制力度,官僚性也越来越强。即使社会科学研究的主体面临的风险并不那么大,也同样必须应对更强大的官僚制度。虽然管制力度普遍加大,但是各个大学的伦理审查委员会不完全相同。有的在处理社会科学研究时会更加灵活,而有的则一视同仁;有的比较严苛,而有的则不然。

各个伦理审查委员会出台什么样的政策,取决于委员会主席、成员和监管部门如何执行联邦政府的指导意见。以雪城大学为例,如果学生是因为上课的需要而开展研究,那么就可以免于伦理审查委员会的审批。但可能在其他学校这么做是行不通的。有的学校允许学生在论文中使用为完成课程作业而收集到的数据,并不要求必须经过伦理审查委员会批准,而且还可以与其他经过伦理审查委员会批准的研究采集的数据混用。而有的学校可能不允许这么做。之所以出现这些差异,就是因为各高校对指导意见的执行方式不同。伦理审查委员会允许不同研究共享数据的做法符合联邦规制的要求。如果在方法课上收集数据是为了更好地掌握质性研究方法的技能,那么就算这个目的并不是主要的,收集得到的数据还可以用于满足另一个目的，即用于论文写作。各个大学对联邦规制的理解可能有所不同，无论个人持何种态度，都很难获得委员会的默许，不能擅自使用数据。

无论是参与式观察或者深度访谈，现在都已经不怎么使用口头方式来获取研究参与人员的同意了。但是，伦理审查委员会对量化研究之外的其他研究了解并不一定非常全面。例如，在跨国研究或次文化研究的田野工作中曾发现，在表格上签字这种形式因为跟当地人常见交往方式不同，所以对于某些社群来说可能是一种冒犯。如果通过口头同意来保护信息提供者的安全是唯一途径，那么需要用便于伦理审查委员会理解的方式来论证其合理性。在这种情况下，口头同意意味着缺失保存信息提供者姓名及与研究项目关联性的书面文档。假如你研究的是难民或政治犯相关的问题，通过这种方式来保护你的研究主体是比较可行的。

质性研究的程序跟医学和统计学研究的程序截然不同，所以伦理审查委员会在处理民族志研究计划书时感到最为棘手（详见 Hemmings，2006）。很多委员可能并不了解参与式观察。比如，如果研究者在跟踪观察一名幼儿，为了让孩子参与课堂，老师下了很大工夫，那么在这个例子中，如何理解获得许可的问题？研究者应该获得孩子本人和家长的允许，还是说要获得课堂上每一个人的允许呢？有的伦理审查委员会可能会如是要求。一般指导性原则即为"不能欺瞒"。

伦理审查委员会一贯坚持的立场是，研究不能背地里进行。也就是说，按照伦理审查委员会的规则要求，所有研究都

第四章 保护人类研究主体

要公开透明。但实际上,如果严格对照规则,现实情况总会有些出入。根据规则,每一项隐蔽研究的申请都需要经过严格的审查。在一定条件下,研究者应该做简要汇报,并在之后公之于众(Taylor, 2006)。瑞贝卡·内森(此处为一位亚利桑那大学教授使用的化名,当时她为了了解学生生活而假扮成大学生)住在大学生宿舍两个学期并按时上课,这些都是暗地里进行的,她的研究获得了所在学校伦理审查委员会的批准(Nathan, 2005b)。她谈到了在获得伦理审查委员会批准后碰到的许多道德问题,并且都是跟所开展的隐蔽研究直接相关的。其中就有关于如何将无意中听到的内容作为数据使用的问题:

> 我总能无意中听到各种各样的对话从薄薄的宿舍墙壁穿透过来。几乎每个夜晚我都是在隔壁寝室的聊天和笑声中入睡,因此对各种流言和事件都非常了解。虽然从这些对话中我获得很多信息,但是我很清楚,我不应该就听到的内容做任何记录,更不用说录音了。
>
> 但是还有很多在走廊上、从班上和学习小组听到的公开的对话,应该怎么处理呢?我之所以能获得这些信息是因为别人认定我是一名学生,而且就只是一名学生而已。随着时间的推移,关于数据的问题变得越来越多。我意识到,我的舒适度和确定性也在发生变化,特别是当私人关系向更深层和更实际的方向发展,需要更多地从语境中理解数据,即那些与实实在在的人有关的各种事件、经历和言谈对话时。从论文写作伊始直到最后完成,一直在不断

进行着各种取舍。

我在论文里也写道,我会时刻牢记曾经共度大学生活的那些学生。但是否能心安理得地说,在我写下那些字的时刻,在写那一章的时候,就是像在跟他们当面诉说一样吗?我也试着想象过:如果我是学生,突然发现自己学校的教授在一本书里把自己写进去了,而当时自己应该是跟班上一名同学在私下聊天而已,我会有什么样的感受?这些顾虑彻底改变了我的行文风格,形成了某种新的"规则"。(Nathan,2005a)

当时一名非常有名的调查记者曝光了内森的研究,认为她在描述那所匿名大学的时候使用了过多细节,但即使如此,她也获得了批准开展隐蔽质性研究(另一种关于隐蔽质性研究的论述请见 Herrera,1999)。

伦理审查委员会的规则靠自愿遵守。这是所有伦理审查委员会政策执行的重点,因为强压只会导致逆反。如果大学无法保障研究人员开展研究的自信度,就会有人想方设法逃避伦理审查委员会的审查,委员会也很难强制所有的研究都遵循道德伦理,从而有可能损害与遵循研究道德伦理相关的种种价值观。

伦理审查委员会的标准化表格

每个大学根据自身情况制定知情同意书的标准模板,因此了解伦理审查委员会的专用语言,也是学习如何在高校环境下开展研究的一部分，其中包括了解委员会全面审查、免审研究和快速审查之间的区别。如果没有人会在研究中受到伤害，那么可以作为免审研究。一位博士研究生最近提交了快速审查（指研究不涉及什么风险，研究计划不需要经过委员会全面审查）申请，其主题是研究某个市内小学双语教师关于某个主题的观点。该研究包括对该校所有双语任课教师、某前任双语教师和校长的访谈。该博士生的研究计划作为免审研究，得到了伦理审查委员会的批准，在5年内不需要再次提交伦理审查委员会审查。她本人虽然并没有全面认识到研究可能涉及的风险，但是伦理审查委员会对此非常了解。

当然，质性研究也可能存在风险。大部分伦理审查委员会都对与性相关的调查研究特别谨慎，包括性教育、约会强奸、对性问题的咨询或者家庭暴力等主题。所有从事此类研究的人都必须经过委员会全面审查才能开展研究。

伦理审查委员会要求所有研究人员提交审查申请，充分说明研究可能产生的各种风险。大部分表格的前提假设是所有研究都会产生风险。根据伦理审查委员会收到的各种申请，我们可以列出一连串的常见风险，并且建议大家在提交申请时参照使用，特别是自己想不出来具体有哪些风险时。例如，在访谈时，研究者提出的问题会让受访者回想起自己那些艰难的生活经历，有可能会让他们感到非常不自在。而申请表格之所以提出这个问题，是为了进一步敦促研究者充分考虑到研究可能涉及的所有潜在风险，以防遗漏。而在有的情况下，风险可能只有一个，就是你浪费了别人的时间。

你是不是想破脑袋也找不到自己的研究可能产生什么风险？而在实际操作中，伦理审查委员会的原则就是让研究者穷尽所有可能产生的风险。

伦理审查委员会通过表格模板，要求研究者按照特定方式满足必备要素条件和解决特定问题。国内所有高校逐渐倾向于让所有研究使用统一模板（Taylor，2006）。但现行申请表在社会科学研究中的适用性非常有限，对于质性研究来说尤其如此。委员会现在越来越官僚，正如实际情况所示，权威的一方逐渐不再是伦理审查委员会的专家，而变成了管理层，这种转变会影响自主判断。官僚的特性也导致了墨守成规和官本位下级服从上级的不良后果。

对我们这些采用质性研究方法的人来说，需要了解委员会是如何理解质性研究的。如果委员会成员根本不了解这种研究方法，那么在评审质性研究申请时，会套用量化研究的评判标准。有的成员可能根本不了解渐进设计的含义，这个概念是指，事先明确所有研究问题不仅不能作为研究的优点，反而是研究的弱点。有时候委员会否定质性研究是"真正的"研究，对这类研究计划书的评审可能会"蓄意刁难"。

口述史通常是历史系的人开展得比较多，基本不需要经过委员会的审查程序。历史学家一般通过口述史的方法研究公众人物，比如，对政治和军事名人进行访谈。这种口述史跟社会学家从事的口述史不同，社会学家通过口述史主要对一般民众进行访谈，了解普通人的日常生活。

具体建议

免审研究。先弄清楚你的研究是否符合免审条件。虽然有些学校的委员会很少批准免审，但是事先了解学校政策总没有坏处。雪城大学的政策是，免审研究一旦获得批准，有效期5年。当然各个大学可以制定自己的政策。免审研究可以适用于各种不同的质性研究，包括公开观察、访谈、开放式问卷调查。联邦政府规定了六类免审研究，其中有些类型可以适用于质性研究项目。如果你在教育场景中对常规教学活动进行研究，即无论你是否参与教学活动或者是否对教学活动进行评估，这些活动都会正常开展，那么这样的研究就可以申请免审。如果你所使用的数据在收集时没有透露具体的人，那么这样的研究也可以申请免审，比如，你想要了解一般学生对加权平均分的看法，但并不需要确定学生的类型。虽然这个例子对于质性研究者来说可能并不常见（因为质性研究数据只有在具体场景中才有意义），但是质性研究者也有可能使用某个大型研究项目的数据，而并不知道数据是从哪里收集的，甚至连来自哪个州也不清楚。

方法完善。在申请材料中，质性研究者需要以能让普通民众理解的标准，对质性研究进行描述。特别是对那些不太了解质性研究的审查委员会，研究者需要详细解释这种研究的原理，还要提供文献资料。

参与式观察。申请书的方法部分需要说明，在开展参与式观察的场景中，研究者如何确定自己的身份。在观察时虽然不需要你从包里拿出同意书让对方签字，但是当你开始询问别人的意愿时（比如，如果你和信息提供者在餐馆就餐，而你就刚才观察到的情况进一步向对方提问），需要明确解释自己的身份。

知情同意书。委员会最关注的问题之一，也是所有研究者都需要考虑的问题之一，是取得研究对象同意的问题。对于开展参与式观察的研究人员来说，这个问题很微妙，因为你所观察到的人并不都是你的信息提供者，需要利用恰当的时机阐明自己作为研究人员的身份，要求你所观察的人在同意书上签名。因为在进行参与式观察时存在临时起意的情况，有时候你可能没法严格按照模板的要求去做，即便如此，还是要在申请表中做出解释。雪城大学、联邦伦理审查委员会和你本校的官方网站，都解释了免除签署同意书的相关条件，以及同意书的组成要素。

兼顾道德与策略

当你想研究某个场景中的一部分人而非所有人时，按照一定方式撰写申请可以让你既做到遵守道德规范，又不需要费力获取无关人士的许可。比如，研究某个实验室的部分护士专业学生，或某个快餐店的女性员工，或某个班上的学习障碍生。在提交申请时如果不想费时费力获取研究场景中所有人的许可，必须非常慎重地把握好分寸，做到谈到研究场景中其他非研究对象时不必获得在场所有人的许可。不要过分细致地描述其他人,否则他们会被认出来。这么做既符合遵循道德准则,也做到了小心谨慎。

伦理审查委员会拥有很大的权力。如果申请没有通过伦理审查委员会的审查,也不存在进行行政申诉的可能性。这就意味着,如果伦理审查委员会否决了你的研究,除了接受别无他法。大学管理层可以不同意伦理审查委员会的意见,但是反之则行不通。实际上不存在申诉的环节,也许有的伦理审查委员会给研究者请求重审的机会。一般来说除了驳回,对研究申请的批准形式分为三种:第一是无条件批准,即研究获得批准,无须进行任何修改;第二是有条件批准,你需要进行少许修改,然后才能获得批准;第三种是暂缓批准,也就是说,你的申请存在重大纰漏,只有妥当解决后才能再次提交委员会全体审查。

而伦理审查委员会并不只关注研究中的道德问题,同时还审查科研对于大学可能产生的风险,以及是否存在违反联邦规制的问题。例如,雪城大学的伦理审查委员会手册提到,伦理审查委员会要平衡好自身的教育功能和监管功能。手册明确指出,只有当研究者的"内化"价值观贯穿整个研究过程,而不是通过一系列规章制度限定人们的道德行为时,才能取得最佳研究效果,也只有在这样的场景中,伦理审查委员会教育功能发挥作用创造了内化的价值观,而监管功能也发挥了作用,切实保证人类主体不会受到伤害。

一个研究者的经历：获得伦理审查委员会的批准

曾有一位研究者想要开展一项关于市内学校校园暴力问题的质性研究，需要提交申请伦理审查委员会审查，只有获得批准才能开展她的校园社会工作研究。研究计划是在一个学年内跟随一位学校社工参加各种活动，包括参加会议［比如学生分配小组（PPT）会议］、与学生的咨询、对社工进行多次访谈。该名研究人员向伦理审查委员会提交的第一份申请被驳回了。在驳回通知上伦理审查委员会主席的回复是，"委员会认为与人类主体保护相关的几个问题没有解释清楚"，并明确了需要进行修改的三个问题。对研究者来说，伦理审查委员会提出的问题非常合理。他们希望通过更清楚明确的文字表述说明：（1）获得有社工签名的知情同意书的整个过程；（2）哪些人能接触到数据；（3）除了要跟随观察的社工，是否还有其他成年人会接受访谈。研究者提到可能会对其他学校的社工进行非正式访谈，以此检测在这所学校获得的数据是否具有普遍性。驳回通知上也说明，请该研究者在下一次伦理审查委员会会议上做出陈述，并就委员会提出的问题进行回应。虽然有少许不便，为了能使申请通过审查，该研究者最后非常配合地参加了会议。

在会上，委员会请该研究者"用自己的话"说明研究的具体内容。当研究者提到准备进行访谈时，其中一位委员表示没有看到访谈问卷。研究者回应道,鉴于这是非正式访谈,所以没有准备提纲。同一位委员又问:"在没有问卷的情况下,你怎么进行访谈?"研究者提出可以提交访谈问题列表。这样处理是符合质性研究规范的,在场的另一位比较熟悉半结构式访谈和非正式访谈的专家后来也对研究者表示支持,认为可以不用提交问卷。委员会主席(也就是对研究者表示支持的那位)接着提出了那三个需要进一步澄清的问题。于是研究者一一做了澄清,主席要求在下次会议前研究者提交说明材料和访谈问题列表。问题似乎已经解决了。但是,那位提出访谈问卷问题的委员又说:"你的申请中说要跟随那位社工参加所有会议。到底包括哪些会议?"并且表现得好像刚刚才发现申请中提到了这一点。研究人员指出已经列出了可能要参加的会议,给委员会展示了申请附件的会议名称。这次还是同一位委员,在看到列表后又突然叹了口气说道:"申请里面提到了你还要参加学生分配小组会议。"研究者回答的是"可能会参加",研究者跟踪观察的社工主要的工作内容就是参加这类会议。那位委员向委员会明确表示,如果涉及"第三方参加学生分配小组会议"的情况,她本人无法批准这样的研究申请。研究者回应了那位委员的顾虑并谈道,学生分配小组会议讨论的都是需要谨慎处理的问题,跟特殊教育安置工作有关,也常常有家长和"被保护的主体"参加,包括少数有身体残障的学生。研究者还提到,他并不是唯一的"第三方",而事实上,有许多人会参加这类会议。除了社工之外,特殊教育老师、学校顾问,有时还有实习生、实习教师会参加。研究者向委员会表示："我能理解各位在函件里提出的那些问题,但是刚刚提出的问题是新的。我非常乐意在解释函里提出解决方案。"那位委员又当场反唇相讥,"这又不是你说说就算了的事情,这跟法律有关。你了解联邦法对主体的保护吗?"

研究者再次强调他完全明白研究的严肃性和需要确定的保护措施,也重申他完全理解那位委员的顾虑,但是他也认为可以在不违反法律的前提下开展既定研究。另外两位委员会成员的意见是,可以通过其他方式推动研究的顺利进行,不过研究者仍然需要明确对学生分配小组会议进行观察的具体内容。在此次会议之后不久,委员会就休会了。

之后有一天,伦理审查委员会的一位委员主动跟研究者攀谈,告诉他委员会的某位委员有"个人利害关系",所以对研究者可能参加学生分配小组会议这件事才会有诸多意见。她虽然没有明说那位委员的姓名,但是研究者非常明白她指的是谁。虽然没有指名道姓,她委婉地提到,那位委员的孩子正在接受特殊教育,那位委员本人作为家长也参加过学生分配小组会议,而且参会的经历可能令人很不愉快。研究者对那位委员产生那些言行反应的原因有了更多了解。虽然不能完全确定,但是研究者非常怀疑那位委员的孩子就是在他要开展研究的学校就读。

第二次开会时,那位委员的敌对态度缓和了很多,在研究者看来,可能是因为她本人想改变上次那种咄咄逼人的态度,也可能是因为别人提醒过她这个问题。至少有包括主席在内的两位委员会成员都对她的态度明确表示不满。研究者提交了一

第四章 保护人类研究主体

封函件,澄清了之前指出需要进一步说明的三个问题,并且另外提交了一份材料专门解释学生分配小组会议的相关事宜。在材料里,他重申了研究的严肃性,表示充分认识到知情同意书和"保护人类主体"的重要性,并详细说明了取得知情同意书和保护学生分配小组与会人员的方式。在每次学生分配小组会议开始之前,他都会向所有人介绍自己,说明参会的事由,并且询问现场是否有人不希望他参加。如果所有人都同意,研究者就会参会;只要有人希望他离开会场,他就会照做。这样处理已经基本符合要求。之前持激烈反对意见的那位伦理审查委员会委员这次没有过多表示什么,而是非常仔细地阅读了研究者提交的两份说明材料。这次会议上,所有委员一致认为研究者提供的信息非常充分,他们可以就此做出决定。主席告诉研究者,他将会收到一封关于决定的通知函。主席的面色非常愉悦,而且言谈举止间也透露出委员会很可能会予以批准的讯息。在休会前,之前持反对意见的那位委员对研究者说:"我希望你能从这件事情中学到一些东西。"研究者也表示他的确收获很多。

研究者能从这样的经历中学到什么呢?概括而言,至少能学到这几点。首先,要学会跟伦理审查委员会的委员们打交道,而且要有耐心。即便他们的决定在你看来有欠妥之处,或者表现出他们不太了解你的研究,你也不要放弃,更不要产生"怨怼"情绪。要知道,不管伦理审查委员会做出哪种评判,都不是只针对你个人的研究,但是有可能因为政治原因或者个人原因而影响最终决定。

各个大学的伦理审查委员会并不完全相同。有的比较严苛,有的则不然。有的伦理审查委员会可能包括比较了解质性研究的委员,而有的可能比较缺乏这方面的专家。有的可能在诠释联邦指南时比其他高校更慎重严格。对于将来计划在大学就职的人来说,不能想当然地认为在读学校的伦理审查委员会跟将来入职高校的伦理审查委员会有相同的工作机制和风格。

第五章
质性研究计划书

　　计划书跟论文到底有什么关系？大多数专业的论文计划书是以量化类研究计划书作为范例行文布局的——也就是说，先完成研究计划书然后再开展研究。而质性研究者通常先收集部分数据然后才撰写计划书，这样才能对论文主要内容有所把握。虽然每个人的情况会由于多种因素的影响而有所不同，但最理想的状况是，研究者在开始撰写计划书之前收集的数据能达到论文数据总量的四分之一或三分之一。在研究刚开始的时候应该广撒网，而在这种情况下，仅有一个大致的方向是很难写出研究计划书的，因为当下还不能确定最终的研究主题。只有经过一段时间的田野研究之后，未来的研究主题才会逐渐清晰起来，从而写出有意义的研究计划书。研究计划书在研究中占有举足轻重的地位，因为这有点像你和委员会之间签订的一份协议，规定了将要研究的内容，有利于推动研究的开展，也促进形成论文的主要架构。研究计划书帮助研究者理清思路，勾勒研究范围，明晰调研内容。

不同院系和学校关于计划书的长短可能要求不同。有的大学设定了30页的限制，明确要求使用12号字和双倍行距[①]，且不包括参考目录和脚注。有的学校明确规定论文计划书应该作为论文的前三章，即前言、文献综述和研究方法这几个部分。跟量化研究者相比，这种要求从实际上来看对质性研究者的难度更大。首先，你在完成数据收集之前并不能确定文献综述具体包括哪些内容，这也是由质性研究的归纳性决定的。你会根据田野研究和数据分析的结果去阅读特定文献或需要参考的理论研究。其次，质性研究者在方法论部分主要讨论田野研究的经验，因此在完成田野研究之前，这章可能也无法完成。当然，首先应该遵循所在的院系的相关要求。在我们看来，20页对于一份论文计划书来说应该是比较恰当的长度，而且最好不要超过30页。鉴于质性研究的特性，计划书对将要开展的研究只是起引导作用，而不是对将来会发生的事情做出非常详细的界定。虽然计划书作为研究指导的功能非常重要，但它并非一份毫无转圜余地的契约。虽然对于有些学科来说，研究计划书就是论文的主体部分，但对于质性研究而言并非如此。

本章首先讨论研究计划书应该包括的内容以及各个部分的行文顺序。再次重申，你应该首先以所在大学对研究计划书的规定和要求为准，其次考虑我们的建议。之后还会探讨一些关于计划书的常见问题。

[①] 此处字号和行距为英文论文常用标准。——译者注

研究问题和研究目的

前言部分主要的作用是阐明研究问题和研究目的。你可以选择在前言部分将这两个问题整合起来进行说明，或者分成两个独立标题加以阐述。阐明研究问题是指对问题进行探讨：问题是什么？作为计划书的前言部分，提出问题就是要将你要探讨的这个大的问题解释清楚。之后，我们会以三篇论文作为例子进行比较，讨论如何将大议题缩小转化为适合论文开展的调查研究。这种缩小版的问题就是我们所说的研究目的，并将在本章接下来的部分进行论述。请注意，研究问题是在某种程度上进行抽象，因此要找准切入点对研究问题进行探讨。比如，如果你对高等教育领域中的种族歧视、家庭暴力、阅读教学、大学师生交流互动方式等问题感兴趣，就必须进一步明确论文要讨论这些大议题中的哪些方面。大议题下面更具体细化的主题就是研究目的。

可能研究目的看起来比提出问题更重要，因为前者明确说明了你的研究项目将要开展的工作，但是提出问题部分其实是确定更大的背景基调，搭建研究论文的框架，用特定方式将研究目的置于研究背景之中，并与之产生关联。同样是关于教育旅游的研究，如果从权力关系背景入手，和以拓展大学生视野为主题、探讨终身非正式教育或以特定社会群体为教育旅游市场受众的教育旅游研究都不会完全相同。同样是对小学女教师的研究，也会因为研究者重点关注点，如学生成绩、社会再生产或性别叙事,而有所不同。提出问题也是非常重要的,因为通过这个部分,读者才能明白应该如何理解研究目的。

尽管我们刚才也提到了,论文研究计划书的第一部分应该是提出问题,但是这个部分与研究目的不能相互割离。论文研究计划书的写作并非一个线性发展过程,每个组成部分不能完全独立分开,而是按照一定顺序排列组合。这两个部分应该有机地结合起来,因为读者需要了解研究内容,才能充分理解研究者对背景主题持有的观点和立场。一般来说,在计划书第一页至少要用一句话交代研究目的,最好在第一段,这并不妨碍之后用其他形式重申同样的内容。比如我们作为读者,如果不了解某个阅读教学研究的主要内容是关于特教在小学阅读中的作用,可能就很难理解该研究为什么要用某种特定方式来论述阅读教育。以凯瑟琳·法雷尔的博士论文研究计划书为例,她的论文的题目是"后台政治:媒体激进主义和电视的社会变革"。她在研究计划书第一段的最后谈到了论文主题:

> 目前,作为在黄金时段最受欢迎的联播剧之一,曾荣获 NBC 艾米奖的情景喜剧《威尔和格雷丝》,总是能保持其播放的时间段,并且虏获了较高收视率,而其中两个主角就是同性恋。在有线电视方面,美国电视网排名第一的连续剧《同志亦凡人》,以多处公开的同性恋性爱画面为人所周知。按照执行制片人托尼·乔纳斯的话说,"这又不是引发了第三次世界大战"。他在电视网又引进了第二部同类剧——《拉字至上》,也以非异性恋角色的生活为

主要情节。只有主持ABC电视台《艾伦秀》的艾伦·狄珍妮1997年通过电视节目中的虚拟形象、为了获得许可"出柜"而与迪士尼高管们进行抗争。酷儿电视角色和故事情节方面的重大转变意味着，电视节目内容的转型受到背后多种力量的影响。因此，该博士论文项目将调研那些通过努力积极改变娱乐电视产业，使酷儿群体更多呈现在电视节目中的倡导者，了解分析他们的努力和所持的视角。（未发表的论文计划书，2004）

虽然论文讨论的问题没有变〔仍然是LGBTQ（女同、男同、双性、变性和异议）在电视节目里的形象表征〕，但是她的计划书一开始就让读者在了解宏大研究背景，即电视节目中特殊群体的形象表征的同时，也在心理上对研究的内容有所准备。下面我们通过三个博士研究生的具体事例，来看看他们是如何将重大议题转化为具体研究的。

三个具体事例

当你要决定研究某个问题的某个方面时，促成决定的因素既有可能是实践操作层面的，也有可能是方法论层面的。但是，当你在解释这么做的原因时，必须为你的行为提出坚实有力、在方法论上能站得住脚的原因，因为"为了便于取样"这样的借口是不怎么能站得住脚的。如果你获得了资助，能使用全国普查样本或者开展纵向研究，你就必须详细解释所获资助与要开展的研究之间的关联性。另外，你可能也想到了，我们将要讨论的下面三个例子中，三位研究者描述研究过程的方式可能跟我们不一样。我们的社会位置不同，当然看问题的视角也不尽相同。

事例一 杰夫·曼格莱姆打算做关于学校和流行文化的博士论文。之前也有过社会学习课程的任教经验，所以他感兴趣的是，在高中阶段，学生如何将自身关于世界的认识带入流行文化领域，而教师也需要直面在这个领域中从认识论和教学法方面对自己权威的诸多挑战。这是使杰夫产生兴趣的比较宽泛的议题，但是他还需要做出一系列决定来聚焦自己的研究。比如，是要从学生的角度来研究问题吗？因为学生总是在不断挑战学校对流行文化认可程度的阈限。还是说，应该开展关于某个高中的案例研究？这样可以调查学生、教师、管理层甚至家长关于流行文化活动的观点。在全面考虑了各种选择之后，他设计了一些标准来帮助自己决策。因为他本人的研究领域是社会学习教育，所以，他决定聚焦在社会学习领域，以便能对该领域的文献发展有所贡献。他决定要对社会学习教师的课堂进行访谈和参与式观察，主要探讨教师的观点。之所以放弃调研年轻人的观点是因为，他还是认为自己想了解教师是如何理解年轻人与流行文化的关系的。在开始撰写计划书之前，他也进行了一些访谈，了解到很多教师在对待学生时的方式都属于他称之为"保护主义者"模式的范畴。教师们都认为自己角色就像是一道屏障，将学生与充满危机的外在世界阻隔开来。而且，因为杰夫想增加样本的多样性，避免所研究的城市和周围社区社会学习教师大多为白人的问题，他决定拓宽开展访谈和观察的地理范围，以便使社会学习教师样本具有族裔和种族的多样性。最后，他确定的研究目的是探讨"社会学习教师如何理解媒体和流行文化以及在个人生活中和课堂教学中如何周旋于这些理解和观点之间"。(Mangram，2006)

事例二　克里斯汀·鲁辰从一开始博士阶段的专业学习就很清楚要做关于性和青少年的博士论文。她感兴趣的是，学校在处理青少年和性相关问题时的做法及有关政策，比如性教育，学校因种族和阶层差异而产生不同的学校环境，青少年妊娠，校内医疗门诊，与性相关的性别问题，以及性认同。而学校官员通常对"局外人"研究这样的主题都会比较警惕，因为家长对于这样的研究会持有非常极端的观点。研究者在开展实地调研时，曾听说有些女性在对某个内城学区为数不少的学生推广避孕服务，其中包括一位管理人员（她意识到了学区存在的问题）和通过她的组织努力而加入团队的另一位女性管理人员。虽然克里斯汀与她们建立了融洽关系，并得到她们的首肯可以进行访谈，跟她们一道参加会议，在她们制定工作方案时也无须回避，但是这样的参与机会实际上为数不多。克里斯汀意识到尽管访谈的数据可以为研究所用，但是对完成论文来说还是非常欠缺的。所以她决定调整论文的方向，调查在某个学区中处于不同位置的成年人是如何致力于帮助女孩们应对性生活，以及实际所发生的事情。其中就有关于上面提到的管理人员试图推广避孕服务的例子。她还发现另外两个需要调研的案例：就职于某高中为学生未婚妈妈设立的日托中心的保育人员，给怀孕女生或已处于育儿阶段的学生上性教育课的老师。所以她研究的题目即《为预防赋权？青少年女性性别、倡导和学校教育》（Luschen，2005），其目的是描述和分析某个学区承担不同学校工作的成人教育工作者关于为青年女性提供性教育的不同观点。她在论文中谈到，尽管这些成人非常坚定地通过信息提供和精力投入，使青年女性通过教育得到赋权，但是当下避免性行为的氛围和视女孩们为保护对象的主流社会话语，都导致了难以跨越的巨大障碍。这些教育工作者们的良好愿望还不足以与社会桎梏相抗衡。

事例三 瑟瑞·班克斯一直非常明确自己想要研究高等教育中的黑人女性。她想通过"交互性"——人们因自身在种族、性别、性、阶层等方面的主体性而持有的各种身份认同——来建构研究，因为在她看来，如果人们被混合起来打上单一的标签，那她们独特的那部分就会被掩盖起来而无法为人所了解。她想研究黑人女性大学生在面对种族和性别歧视的时候，是如何调整确定自己的大学求学道路的。她本来设想的是，在一所以白人为主的大学里开展非洲裔美国女大学生的案例研究。但是她碰巧获得了一项国家课题的资助，要研究美国国内不同类型大学的校园。通过了解不同大学之间天差地别的校园文化，她有机会接触到来自不同社区背景的非洲裔美国女大学生，了解到她们从各自学校获得的支持差异非常大，组成类似"自己人"的学生群体的人数也多少不一，所经历的大学文化与自身文化截然不同,她们的学校对"普通学生"的建构也非常不同。瑟瑞坚信这些女生的个人经历非常重要,不仅受到批判种族理论的熏陶,而且运用起来也非常自如。批判种族理论强调讲述和表征有色族群的故事,指明美国社会中种族歧视仍处于中心位置。瑟瑞是这样描述她的发现的:

> 社会位置不平等,即相比之下有些社会位置具有更大的权力和特权,对每个参与学校教育过程个体的生活都会产生影响,并且产生的影响迥异。对黑人女大学生来说,她们作为黑人和女性的社会地位,总会与自身的社会阶层和所处其他社会位置产生交互作用,从而使得她们的教育历程更为独特(班克斯,2004)。

当读者看到班克斯(2004)对研究目的的描述时,可以从字里行间体会到批判种族理论的深意:

> 本研究的目的是唤起美国黑人女大学生内心的声音,畅谈她们在高等教育领域中不断寻找和确定的过程。我想用她们自己的话来讲述自己关于教育的故事,充分表达她们自己的观点。我希望她们自己的话语和经历将对主流观念提出挑战,证明她们在智力上并不输给任何人,完全可以胜任大学学习并取得出色成绩。

她之后根据要探讨的具体问题将研究继续推进下去。

重大议题和论文研究

从上面三个例子可以看出,在明确研究的具体目的之前,三位博士研究生都已经了解自己对什么重大议题感兴趣。比如,杰夫·曼格莱姆并没有一开始就直接明确地提出:"我的博士论文想访谈社会学习课的老师。我应该访谈些什么呢?"正如以上实例中的博士生那样,他首先确定研究的主题,然后进一步明确研究的具体内容。

当然,从提出研究问题到阐明研究目的并不是一个直线发展的过程。当你在撰写论文研究计划书的时候,你也在阅读前人的研究,思考关于世界构成的各种理论、权力关系发挥作用的原理,以及我们这个时代的一些伟大思想。所有这些阅读都将影响你的研究思路。

你也许决定把研究问题纳入研究目的中。这么做也行得通,因为可以让读者了解你开展研究项目的具体思路。就像杰夫·曼格莱姆,他在陈述研究目的后紧接着就写明了研究问题:

> 通过本项研究,我致力于了解社会学习课的老师如何理解媒体和流行文化,并且在个人生活和课堂教学法中如何对媒体和流行文化的意义理解逐渐变得明朗起来。我对问题的探究是从以下几个方面展开的:社会学习课的老师如何结合学生的选择,调整自己对媒体和流行文化文本的好恶?哪些文化和经过媒介表达的(mediated)形象表征

得以出现在老师自己的课堂上？哪些被摒弃？社会学习课的老师如何运用教育场所处理与媒体和流行文化相关的问题？社会学习课的老师如何理解和表达媒体和流行文化中蕴含的意识形态的深意？（未发表的博士论文研究计划书，2005）

可以通过与他人沟通交流你的研究兴趣，来厘清研究问题和研究目的。比如让对方了解与研究相关的重大议题是什么，看对方是否认为这样的议题值得研究，让对方知道从你的视角对这个议题有什么样的解读。探讨自己的研究不仅是倾听他人反馈、了解他人看法的好机会，也能了解到不同的人和某些特定群体对你研究的主题有哪些墨守成规的观点。用词语表达能激发人们更深层次的反应，因此你也需要了解所使用的某些特定词语对他人会产生什么样的作用。

文献综述

论文研究计划书的下一个部分可以安排文献综述或者方法论。无论是哪一个，之后再顺次安排这两个部分中的另一个。在这个部分，你要么遵循学校的惯例，要么就看怎么做最符合计划书的成文风格和组织架构。这里，我们接下来将讨论文献综述。

这个部分将主要说明，你要开展的研究与前人已经完成的研究之间的关系。你在进行研究时会采用什么样的思路、方法和框架？博士学位论文的研究综述也是下一章的题目，到时候还会详细论述如何对文献综述章节谋篇布局。当你已经在广泛深入地查阅相关文献时，就应该撰写论文研究计划书中的文献综述部分，而不要等到完成文献检索工作再开始。正如我们之前所说的，这样做是因为你目前并不能确定哪些文献是核心相关的。例如，瑟瑞·班克斯的论文是关于黑人女大学生的自述故事。她在完成了大部分的实地调研后认定，学生们自有的文化资本能部分抵消他们所欠缺的学术准备，是一种"社会学想象"（Mills，1959），所以她需要做更多关于这个主题的文献综述。尽管研究一开始她就知道布迪厄的文化资本这一概念对研究的重要性（如，Bourdieu，1988），但是直到数据收集接近尾声她才意识到，将在论文中花这么多笔墨讨论文化资本的含义。因此，她必须要更加熟知布迪厄文化资本理论的相关论述。所以她的研究计划书和正式论文中文献综述这个部分的内容截然不同。当论文是质性研究论文时，这种情况更为常见。当然，文献综述的字数要看你在多大程度上能确定论文框架可以保持不变。在开展质性研究的学科领域，在文献综述部分一般需要谈及该领域的相关文献，以及自己的研究在哪些方面能对"该领域"做出贡献。但是对那些从事跨学科研究的学生来说，本身所属的"领域"并没有清晰的界限，因此要完成研究计划书的文献综述，其中很重要的一项内容就是根据自身的理解勾勒出"领域"的实际范围。有时候学生的感受可能是，需要通过理论研究和综合多类文献才能拼凑出领域的轮廓。

琳达·斯特里特的博士学位论文是关于《国家地理》杂志

上对阿拉伯人的形象表征,用《国家地理》作为流行文化的一个实例,但她的兴趣点是通过多元文化主义和批判理论的视角来建构自己的研究项目,所以论文的文献综述需要涵盖流行文化、形象表征、文化研究、多元文化教育及差异等相关领域。

研究方法和研究步骤

这个部分主要回答以下几个问题:你具体要如何开展研究?为什么你要选择这种方法,并且认定通过这种方法收集的数据能阐明你研究的问题?方法和步骤都属于方法论部分,但要包括的具体内容不同。方法是指你所选定的研究方法,并且要重点说明质性研究方法如何发挥作用、为什么你的研究方法与研究主题相互匹配,以及你将采用哪种质性研究方法。步骤是指你的所有具体做法,比如,你要通过哪些做法来保护受访者的隐私?如何获得他人的支持?如何解决那些意料中的问题?如果要做参与式观察的话,如何确定观察的具体内容?等等。在本章节,你可能需要解释清楚,你所做的选择跟先前的田野研究之间有什么因果关系。例如,有学生对年长女性进行访谈,了解她们关于家庭暴力的经历。在问到关于她们遭受虐待的经历时,本来是希望她们能谈一谈各自的自组家庭。但是当访谈对象会错了意,以为问题要问的是原生家庭的情况时,她意识到自己有先入为主的倾向,必须做出调整。这个例子说明了本小节要探讨的问题。

本小节还讨论那些因研究者本人所处的独特社会位置而产

生的方法论问题。例如，有一位学生研究的是那些从事传统以男性为主的职业的女同性恋者。她对行业中的多位女性进行了观察和访谈。因为她本人就是一位出柜的女同性恋者，本来非常期望研究对象在谈话时能比实际观察到的更自如。在她看来，与研究对象有相同背景能让她更快更早地获得对方的认可，但实际上在刚开始研究的前几个月她颇受打击。这种事例也值得从方法和步骤上好好讨论一番。

方法和步骤部分不仅应该充分展示研究者对用来理解他人生活的方法非常熟稔，而且也要说明研究者曾经使用过该种方法，对要研究的对象或与研究对象相似的人有所了解。还需要在这个部分让读者清楚地了解，研究者要如何开展实地调研，如果已知的话，还需要说明将要使用什么软件工具进行数据分析。通过这些表述，说明研究者对在实地调研中可能遇到的问题已经有所了解。

论文结构

论文研究计划书的下一个部分应该讨论论文本身了。如果你还没有列出并详细说明研究问题，那就应该在这个部分完成这项工作。如果你对如何安排所有章节已经胸有成竹，应该简要向读者做出说明，如果委员会成员能对研究的概念提炼出非常精准的意见，将会使你非常受益。委员会成员通过论文每个章节将要讨论的主题，了解你谋篇布局的思路，才能帮助你确定自己的决策是否正确。质性研究论文通常按照主题安排章节。所以在这个部分，你可以讨论三个数据章节可能推导出的主题，这对于质性研究论文来说非常普遍。如果要对每一章进行深入讨论，那就还需要收集到足够翔实的数据，对每个主题非常清楚，才能做到这一点。

如果不讨论三章数据章节，另一种做法是描述论文将要覆盖的所有内容。覆盖的内容可以是具体的主题、采用的视角、信息提供者和研究方法。例如，你可能想在每一章只讨论某一类信息提供者，然后整合起来成为一篇完整的论文。例如，如果你做的是关于某法律援助中心的案例研究，那么论文的其中一章可能需要呈现律师的视角，还有一章是关于客户的视角，另外一章可能是关于员工的视角。在撰写计划书时，你可能还没有确定论文的论点是什么，但是你能大概明白，论文里一定要包括这三类人的观点。或者，你正对某个学区实施"不然一个孩子掉队"法案的做法进行叙事分析，你可能能想到，要用一章专门分析该项法案及其在媒体中的表征，用另一章专门分析教师们在谈论相关政策时使用的词汇，再用一章来分析你在四个市内学校课堂所做的观察。你对论文组织架构论述的越多（前提是不能胡编乱造），导师及委员会就越能对你的论文进行全面详尽的讨论。

结论部分

计划书的结论包括简要讨论：(1) 研究的局限；(2) 研究的意义。局限是指本研究实际上受到的限制，而不是要谈那些你本可以但是没来得及开展的其他研究。如果你要对美国华裔女性进行访谈，而你研究中的女性都来自东北部，那么这个研究的局限就可能是没有包括来自西岸那些华裔人口聚居的主要城市的华裔女性。你也无须论证这个研究的局限是没有对这些女性进行参与式观察，因为那将是另一研究要做的事情，而你可以在论文的结论章的意义部分中描述一下本研究的各种好处。如果你研究的是大学高年级女生自发组织形成团体，对低年级有色族群女生提供支持的话，没有对白人女性开展研究就不能算是这个研究的局限性。而你只访谈了中上层阶级女性，而没有访谈年纪较小的学生，有可能会是论文的局限性之一。

没有人的论文能十全十美。"论文局限性"的部分就是为了说明这一点。你只需要解释说明，通过研究发现了什么，还有哪些不足，并不需要在局限性这个部分对自己的研究提出批评。相反，你所做的是在帮助读者按照你的思路阅读论文内容。

研究意义这一部分主要用来回答关于研究重要性的问题：哪些人关注或应该关注你在什么方面投入了如此多的精力？在这个部分，你可以评论自己的研究在哪些方面跟该领域其他人的研究有不同之处。有的作者在强调与前人研究的不同之处时，过于夸张自己的研究作为新研究的意义。这是很难自圆其说的，因为用文字进行论述跟口头谈论自己的研究完全是两码事。当用文字表达时，你一不小心就会使自己显得很高傲自大，或者过度夸大自己的成就。但是在有的情况下，强调研究的新意并不会让人觉得你在夸大自己的贡献。鲍勃·波格丹和斯蒂夫·泰勒曾撰书讲述两位智力残障人士的生活故事，而这是历史上第一次有人采访被打上智力障碍标签的人士，给他们提供畅谈生活感受的机会。如果你的研究具有创新性，那就在这个部分把你的研究跟其他人的研究明确区别开来。

另一种方式是找出你的研究与前人研究之间的关联性，强调你对某个新兴领域具体能做出哪些贡献，而不是拉开距离。这种方式对于解释研究意义非常重要，特别是当所研究领域正在飞速发展时，这种方式尤其管用。克里斯汀·鲁辰（2005）的论文主题是性教育，而她做论文的时候这恰好是一个热门话题。其原创性在于，研究的对象是一个特定成人群体，她们想帮助已经生育孩子或者青春期早期就经历过性生活的高中学生获得成功。她把这些成人提倡重新认识这些年轻女孩的强烈愿望，与现实遭遇的失败之间的复杂紧张关系描述得淋漓尽致。通过调研某个学区的三个教育场景，她的研究展现出机构与个人之间斗争的复杂性。她深入探讨了机构政策（比如该学区的避孕用具分发政策）、课程（先进的性教育课程）、文化（教育工作者与权力当局之间的差异）、教育工作者等方面关于学生性健康需求和如何在教育场景下满足学生需求的看法。这是更倾向于通过建立相关性的方式论述研究意义的做法。如果你的论文提出了不为人知的新信息——比如关于手语专业人士或工作福利项目——最好在这个部分明确展示出来。如果论文在方法论方面有重大贡献，那么也需要进行充分说明和强调。请记住，你必须在

20页至30页之内把这些问题交代清楚,所以我们并不建议在这个环节进行长篇大论。

计划书常见问答

在计划书中应该运用田野研究或者文本分析的数据吗?

可以,但是只能少量运用。你应该在计划书里重点突出自己作为作者的存在感。计划书的篇幅本来就不长,尽力避免在数据方面过度使用这些有限的宝贵篇幅。数据不多也能发挥大作用,比如少量引用研究项目以及信息提供者的原话、政策文本或电视剧台词都非常有效。使用数据的另一个作用是,可以引入计划书的内容。如果用信息提供者的原话开篇,而且引用的原话又非常生动形象的话,计划书对读者的吸引力就能大大增强,从而提高他们对整个研究的兴趣。

是否应该谈及研究项目中的困难或困惑?

可以,因为这样既可以展示你对该领域非常了解,也能说明你作为研究者思想的缜密性。快速轻易地获得准入,毫不费力就建立良好的研究关系,轻松迅速地完成数据收集,离开研究场所时没有遭遇任何批评,这些都不能说明研究做得有多好。有时研究项目遇到的困难和挑战越多,反而越能为所属研究领域做出重大贡献。当你对研究困惑以及解决策略进行解释时,会推动读者重新理解你的研究工作。如果字里行间总是透露出悲观的情绪，读者就算没有完全否定，也很可能会对你的研究失去兴趣。如果你把困惑视为研究常态，而不是难以克服的障碍，心境就会比较稳定，有利于以比较平和的方式讲述出来。

一开始应该先完成多少研究呢？

就像我们之前所说的，在开始撰写计划书之前，比较理想的情况是，已经收集了25%～35%的数据。数据收集到这种程度能让你比较清楚之后要写些什么，也能确定你所感兴趣的题目和判断选择的题目是否值得研究。对于质性研究来说，如果前期没有开展任何研究，是不可能撰写研究计划书的，因为你需要了解与信息提供者之间相互协商的过程中所有可能出现的结果。虽然你作为研究者进入研究场所时带有特定的研究问题，但仍然会受到信息提供者的影响，因此这个过程中，也是研究者与关于信息提供者如何理解研究问题进行相互协商的过程。所以通常情况下，你会根据田野研究场所的实际情况调整研究问题。

在撰写计划书之前，可以做哪些数据收集工作？根据你所在院系的相关规定，你可能必须先完成计划书的答辩才能开始收集数据。显然这对于从事质性研究的人来说是非常困难的。你可以通过将其作为质性研究方法课的研究项目、独立学习项目或作为某个课程的一部分，来克服这个障碍。

有时候，你所感兴趣的博士论文研究项目可能与某个事件有关，只会在特定时间或者特定场所发生（比如，只发生在你在国外期间），导致你必须在撰写计划书之前完成所有数据收集工作。这对于有的论文委员会成员来说可能比较难以接受，因为这么做的话，他们很难在研究设计阶段对你进行任何指导。不过事情总有例外。灵活性对于质性研究计划书也是非常重要的。

第六章
论文各章

如果你邀请朋友晚上到家里吃饭,那么在这个晚上,随着时间的推移,大家做的事情是不一样的。比如在晚餐开始前,你会为大家准备果汁、啤酒、苏打水、酒和一些小食,这样客人们相互寒暄的时候,你有充足的时间去准备晚餐。当大家坐下来享用晚餐时,相互之间会有更深入的交谈。从招呼客人到来到送客人们离开,晚餐每一个环节都会遵循一定的文化惯例。我们用这个比喻不是为了引申开去,而是因为其主旨与论文写作非常相似。

论文每一章需要达成的目的各不相同。就像刚认识的客人需要相互介绍和特别关注,论文的读者也需要培养。他们就像被邀请的宾客,不能草草说声"祝你过得愉快"就置之不理了(如果读者真心喜欢你的论文则另当别论),而是需要让他们按照你的设计思路去理解论文的内容。本章将讨论论文各章的作用。只有每一章都发挥了各自的功能,论文最后才能达到应有的效果。在前言部分，你向读者发出阅读文本的邀请，让他们了解论文将要探讨的问题。文献综述部分对包括自身研究在内的研究集合进行论述。研究方法和研究步骤这章说明你对研究过程的理解以及如何将理论应用于实践。数据分析的三章通过不同侧面展示整个研究。结论章不仅引导读者对研究进行整体回顾，而且也可以在这个部分拓展自己的研究发现，说明可以如何应用这些发现，并论述以后可以深入开展哪些研究。

有些人的经验是，在纸上分别简要列出各个章节的大致内容，或者在电脑上用文档分别标出各个章节。曾有个做社会学博士论文的学生，她的经验是在不同的纸上列出"前言""文献综述""研究方法和研究过程"等章节，依次摆在一张长桌上，然后用整整两周时间不断记录跟各个章节相关的理念、主题和文本。两周后，她积累了许多潦草的笔记、反复思考后得到的想法，以及各种有利于推动研究的信息。她利用撰写计划书的机会充实了各个章节的内容，将杂乱的笔记转化成更为正式的"平面图"。

这些不同的章节组合在一起作为一个整体，才能吸引读者的注意力，抓住并保持他们对你研究的兴趣，充分展示你的研究与前人研究之间的相关性和独特性，从而增强自身的权威性，让读者相信你作为叙事者值得他们信赖。我们在本章后面部分会逐一进行讨论。首先，我们想谈谈你应该按照什么顺序撰写各章，以及如何把自己塑造成可信赖的叙事者。

第六章 论文各章

你首先应该写什么？

在一个周末的晚上你想去看电影。到底应该看什么影片好呢？你翻开报纸，发现两个片子看起来挺不错。在看完各自的影片简介后，你除了了解每个片子的概况之外对其他一无所知。很显然，只有看完影片，你才能了解剧情和主题，才能知道电影里的世界是什么样的，演员们的演技如何——你才能通过描述剧情的方式跟别人谈论电影。在你能真正谈论某部电影之前，你必须先得看过那部电影。

这个比喻跟论文写作比较相似。通常大家都认定，前言部分的作用是向读者介绍研究的全貌。但如果作者不了解数据章节的内容，就很难让这个部分言之有物。我们的意见是，先写数据分析的那几章。这么做的原因是，只有把研究放在一个大的格局之中（进行文献综述），才能把握需要带入的研究全貌，才能知道前言部分应该写些什么，才能说清楚你要介绍的是一个什么样的研究。在完成研究计划书时，论文的前三章可能已具雏形。你可以在完成对研究的讨论后继续拓展这三章。在你撰写关于数据那三章时，可以随时将突发灵感记录下来或者进行简单阐述，保存在一个文件夹中以备不时之需。虽然遵循一定逻辑顺序可能让人觉得你在"按部就班"地开展论文写作，但这种完成论文的逻辑实际上并不可取。

可靠的叙事者

你虽然是论文的叙事者,但这并不是说你要特别去做些什么,才能树立值得信赖的形象。正如第二章关于叙事者权威那一部分所言,论文撰写者获得和展示自身权威性的手段和策略非常多。你需要好好思考哪些策略最适用于自己和研究数据。作为一篇论文的作者,你与读者之间的关系非常微妙。委员会成员都是做研究的专家,也都自认为他们比你知道得多。因此,你的任务是,必须使一群学识渊博的人相信,论文所有内容都是真实可信的。

下面几种做法有助于增强你作为叙事者的可靠性。第一,你必须想好论文叙事者应该是一个什么样的角色,然后努力达成角色的要求。其中一个方面就是扮演教练或领队的角色。也就是说,作为叙事者,你应该训练、敦促、引领读者,让他们按照你的思路来阅读论文。在你的鼓励下,读者们在阅读时可能有这种感觉,他们正在"随着你"一起看。根据你的论文主题以及所持立场,你可能还需要花大力气,培训读者按照你的思路去理解收集到的数据和研究本身。这并不是说,一定要读者同意你的观点。当然,他们也必须了解你持有观点的内在逻辑。也就是说,你需要让读者们相信你论述的内容。如果你能以数据中得到的具体事例来论证自己的论点,展示出你的研究在哪些方面与前人研究保持一致、哪些方面有所创新,解释清楚你与信息提供者建立研究关系、收集数据、处理田野研究中的各类问题以及分析数据的过程，即便读者们不一定认同你的观点，他们也会相信你所说的，或者至少认可你的观点具有一定的意义。本章将分小节讨论实现这个目标的各种详细做法。

第二，确保做到在论文里表态要做的那些事情。换句话说，前言部分必须简要介绍呈现整篇论文要讲述的那个研究，而不是你想要去做什么研究或者你做过的其他任何研究。如果你已经通过三个数据章节设计好呈现研究的方式，那么你就只需要鼓励读者按照你的思路来阅读论文。

第三，如果你比较清楚哪些人将会是你的读者，预料到他们可能同意论文中的哪些部分，或者对哪些部分存有疑问，那么作为叙事者，你就会变得更可信。尽量想象读者将如何看待你写的东西。下面我们要讨论的内容，将或多或少帮助你努力成为可靠的叙事者。

第一章：前言

当你要开始在某个城市的旅游，一般会怎么做呢？如果你听从朋友的指引，可能会直接从一个地点去到下一个地点，而不会对自己的行程有一个整体的概念。这种旅行模式能让你到达目的地。但是，万一你在途中迷路了，你很可能难以找到正确的方向。如果你想要自己找到要去的那个爵士俱乐部，很可能需要拿出地图，查看具体位置离自己有多远。你会发现其实要朝东走，朝市中心的方向去，然后再朝北走一点儿就可以了。你也会了解地铁的路线，能估算出从地铁站出去后还要步行多久才能到达。换句话说，在开始旅程之前，你在脑海里已经描绘出此次旅行的大概情况。这种旅行模式显然也能让你到达目的地，而且如果出了差错，你也能够知道如何修正。

博士论文的前言就像第二种旅行模式，但是它不只是一种可能，而是一种必须。前言至少要满足的要求是：奠定读者对论文的预期，让他们了解论文的主要内容。读者到底期望看到什么样的论文呢？怎样才能让读者读完整篇论文？只要满足那条关于预期的最低要求，至少没有人会诟病你的论文前言没有写好。如果你还能引起和保持住读者们的兴趣，并时不时还能吊吊他们的胃口，就能更有力地影响他们对论文的观感。

在写前言部分时，许多人总是想向读者证明自己的学术思辨具有一定深度。这么做是应该的，但是你还要向读者们展示研究的质量。不要害怕"抓住"读者，应该吸引住他们，让他们愿意一直继续往下读。你不止是在介绍研究主题，更重要的是，让读者了解你的写作风格和观点。在此，你需要奠定论文的基调，让读者了解应该如何阅读这篇论文。当然，在论文写作过程中，你也在逐步确定自己的观点，但是要在前沿部分提出观点。

可以把前言部分当作一篇15页左右的文章。篇幅还可以稍微加长，但不能减短。前言部分要陈述并涵盖你的研究在内的大议题，向读者说明你开展研究的实际过程以及理由，可能还需要介绍你作为研究者的角色（比如，你为什么对这个研究项目感兴趣，与研究项目之间的关系，一开始按照哪种思路或者理论设计研究路径,或者在分析数据的过程中如何确定研究路径,等等)。你还可以描述在田野研究中用时多久,面对过哪些难题,或者简要说明你的研究与该领域前人的研究之间有什么关系(也可以说明该领域为什么缺失或缺乏相关研究)。前言的最后可以简要介绍一下论文各章节的大概内容。

究竟应该怎么描述自己的研究项目,才能满足读者对论文的预期、让他们感兴趣愿意继续往下读呢?下面就这个问题提供一些参考意见,仅作为可以借鉴的范例,并非唯一选项。

平铺直叙

平铺直叙的方式就是直接告诉读者论文的主题是什么,为什么这个问题值得研究,你主要研究的是这个重大问题的哪些方面即研究目的是什么,等等。你可以这样开篇,"这是一个关于……的研究"或者"本研究是关于……问题。本研究的主要观点是……"这种方式看起来可能并不高深,在读者看来可能也不太容易吸引他们继续读下去,但确实可以让读者了解论文的大致内容,奠定研究的基调,建立你作为叙事者的权威。你可以在撰写论文第一稿的时候采用这种方式,尽量做到准确描述研究的内容以及开展的过程。当然如果终稿采用这种方式也是可以的,虽然辞藻不华丽,但是用作论文写作是完全没有问题的。

回顾历史

你也可以通过将所研究的重大问题置于相应的历史背景

下，让读者了解到这个问题时来已久、值得研究。虽然这种方式并不一定适用于所有主题（特别是如果你研究主题的历史并不长或者与历史相关性不强），但是回顾历史的开篇方式可以帮助读者认识到，研究问题意义非常重大，近年来已经有许多相关研究，并展示出你研究思路的创新之处。例如，在一个关于阿姆斯特丹性行业工作者的论文中，其前言部分是这么写的：

> 关于荷兰妓女的史料记载可以追溯到十六世纪。在那个时候，地方城市和国家官员对大多数商业中心存在的这种交易活动都是睁一只眼闭一只眼。即便在后来相当长的时间内，这种活动一直被污名化，但用性服务换取金钱的交易在诸如红灯区这样特殊场所的橱窗妓院都是公开的。国家把卖淫作为习俗而非事实行为进行规制是从十八世纪开始的，那时候还是法国占领荷兰的时代。（格里高利，2003）

在回顾历史之后，作者接着描述了妓女们用来展示服务的"橱窗"，解释了在性交易受到规制并合法的国家情况，并阐述了她的研究对于性行业工作者这个议题可能做出的贡献。这种方式不太适用于历史学专业的论文，但是比较适合以社会学、人类学或心理学视角对一些耳熟能详的主题开展的研究。

热议话题

如果论文主题碰巧是当下热门话题，前言部分一定要强调主题的重要性，说明无论民众的立场如何，媒体的大肆渲染都会攫取他们的关注度。克里斯汀·鲁辰（2005）研究的主题是性教育，虽然近些年最主要的做法是禁欲教育，她可以做的是，通过描述在全国发行的报刊，如《纽约时报》《芝加哥论坛报》《洛杉矶时报》和《华盛顿邮报》等关于该主题的版面覆盖，来强调主题的重要意义，并就性教育拨款决策的约束管控进行讨论。琳达·沃尔德伦（2002）研究的是在哥伦布校园枪击案的影响下，公立学校的师生对校园暴力的理解。论文前言中很重要的一部分是探讨媒体对哥伦布铺天盖地的报道，以及因为所有地方电视台的轮番报道，学区官员、家长和学生对媒体评论避无可避的状况。研究者在前言采用这种写作方式能充分证明，校园暴力这个问题获得了社会各界的广泛关注。

情理之外

有些运用质性研究方法的研究项目并不会从一开始就让人觉得理所当然、其意自明。这种前言撰写方式是，把本研究关于某个主题的观点与主流观念或者现行政策的主流观点进行比较。为了避免风险，采用这种方式的时候最好不要过度夸大差异性。如果谨慎一些，使用得当，还是可以取得比较好的效果的。珍妮特·多德研究的主题并不是通过女性主义推动变更性暴力相关法律条文带来到好处，而是法律条文导致某些重要观念淡化或者自相矛盾可能产生的恶劣影响。莱斯利·博加德（2002）研究的是一群自认为对社会变革做出贡献的青年人，并在论文中展示了这些人的行为如何实际上强化了社会现状。

下面是艾米·贝斯特以毕业舞会为主题的博士论文（1998）开篇段落：

> 通常高中毕业舞会应该是让大家开心的场合，庆祝自己离成年又迈进了一步，在那短短几个小时内，应该像成年人那样表现得彬彬有礼。但是，高中毕业舞会也同样充斥着文化和政治斗争及冲突。某所学校因为试图禁止舞会上不同种族学生之间相互约伴而发生纵火事件，也曾有非洲裔学生因为舞会播放的音乐而当场进行抗议，有的学校在校规中强行规定舞会皇后加冕的人选必须按年依次在非洲裔女生和白人女生之间轮换。虽然这些可能都是极端的个案，但毫无疑问的是，毕业舞会上关于性别、种族、性和社会阶层的各种状况和行为层出不穷，有的被保持下来，而有的则充满争议。（第12页）

这种方式的潜台词是，"大家可能以为甲是事实，但是通过本研究证明，乙才是真实的情况"。

小品文

如果田野工作笔记或访谈中提到了论文研究主题，你可以考虑采用这种类型的前言开篇方式。这种方式便于获得读者的注意力，比较引人入胜。在阅读论文通过田野研究和理论思考对研究进行建构的部分之前，读者先通过阅读数据中的文字描述，与要论述的研究内容之间已经用特定方式进行了互动。质性研究的田野工作中不乏种种故事，但是只有发掘出故事背后的意义，这种方式才会适用。当然也可以从数据中选取某些故事，比如，直接引用信息提供者的原话或者参与式观察记录的笔记。下面就是一个运用这种开篇手法的典型例子：

> 当夏洛特·杨格进入那所市内高中就读时，她作为一名白人学生，成绩非常突出，而且已经完成了多门大学预科先修课程。她有一个朋友叫鲁比，是一名非洲裔学生，在高中三年级时想修"欧洲现代史"这门选修课。据夏洛特说，鲁比后来去了一所常春藤名校。当时的任课老师认为鲁比之前的历史课成绩并不好，可能不适合这类"竞争激烈"的课程。夏洛特说："这个经历说明，我读的学校肯定是按照能力分班教学的。学校的黑人学生不少，但是我所在的班上却看不到几个。而这是一所市内学校。"当鲁比和她母亲就此事向校长投诉时，那位老师迫于压力最终接收了她。夏洛特说："这真让人大开眼界啊！"她在论文里分析了美国东北部某所实施按能力分班教学的市内高中里，类似夏洛特和鲁比这样学生的观点，追述了12位黑人学生和11位白人学生高中三、四年级时在各自班上的竞争经历。

叙事者在这里通过讲故事的方式表达了论文的主旨。

无论运用哪种写作方式，都只是作者用来影响读者去阅读和理解论文的途径之一。因此，前言部分必须做到开篇点题，说明论文的主要内容。接下来当阐述重大问题的重要性、研究方法的创新性以及自身研究与前人研究的相关性时，读者就能比较容易理解，研究者在哪些方面进行了比较、对照和情境化。经验法则之一是，在前言部分的前三页之内准确提出研究的主要内容。当然，最好尽量往前安排。这样做是有一定道理的。试想，如果论文中阐述了学者或者激进分子思考问题的不同方式，作为作者，你肯定也想让读者明白他们为什么要了解这些不同的观点。当读者对研究了解得越多就越能认识到，论文对某些背景内容做出解释的原因之所在。

第二章：文献综述

文献综述是最容易让学生们觉得心里没底的部分。实际上可以这样做：把相关文献想象成一场已经发生的关于研究主题的对话，而你要做的就是对这场对话进行描述，让委员会对内容有所了解。也许你的研究跟其他学者在"本领域"采用研究范式非常匹配。如果是这样，理顺这场谈话的脉络对你来说并不会太难，能找到许多现成的相互对应的对话、讨论和研究。但是，有的主题和研究范式可能需要在建构这场谈话方面花费更多时间，因为你可能没法轻易找到可以使用的成型模式。遇到这种情况，你要做的就是把你建构对话的所有细枝末节都解释清楚。

就文献综述这件事，有一位社会学系的博士生谈到他的做法是，就当论文委员会的成员对他的研究主题非常感兴趣，想了解跟论文主题相关的所有"来龙去脉",但是又都不太勤快,不想花时间自己读完所有相关论著和文章。所以他就用"简单一句话"向委员会说明研究主题,只不过这句话足足有30页那么长,但确实把跟研究相关的主题、问题和发现都解释清楚了。

另一位博士生把文献综述想象成聚会。当别的客人跟她寒暄并问她:"你是做什么的?"她就会告诉对方自己的论文主题。对方如果感兴趣,就会想了解跟这个主题相关的所有内容,但因为他们还在参加聚会,所以她的解释必须尽量简短,而且还不能太乏味,否则对方的注意力可能会转移。她必须做到表达清晰,观点鲜明,既要总揽概括,又不能忽略与主题相关的那些矛盾冲突和复杂之处。

无论你使用哪种心理战术,你的文献综述都应该做到以下几点:

1. 让读者对研究题目感兴趣。
2. 让读者学到一些关于该题目的新知识。
3. 避免"记流水账"。
4. 要对文献进行描述和分析(避免只有内容概要)。换句话说,要用自己的观点进行综述。
5. 既要谈到文献的发展趋势,也要探讨相互矛盾之处。
6. 通过立论帮助读者对文献进行总结。
7. 指出你的研究工作在哪些方面与综述中的文献相

互关联和有所创新。

文献综述绝对不是什么不得不干的杂活,而应该在多个方面对你有所裨益。比如,了解其他学者在你论文讨论的这个问题上做过哪些研究,可以有助于更深入地探讨他人对这个问题如何进行分析,目前有哪些研究成果,还需要开展哪些方面的研究。"还需要开展哪些方面的研究"这一部分可以作为你撰写论文的动力。

有时候,在写文献综述时,人们总是跳不出"记流水账"的模式。"记流水账"模式是指,论文作者根据要综述的专著和文章的作者来梳理文献。照这种模式撰写的综述部分常常看到某段的段首或者某句话的句首是类似这样的:"史密斯(1999)说……"在文中列出文献的作者姓名和其主要研究发现,每添加一段就用转折过渡的词语分隔开。虽然做批注式文献整理工作可以采用这种模式,但是文献综述如果也依照同样模式的话,就会显得非常枯燥乏味。比较值得推荐的方法是,通过主题和主要发现来安排文献综述的顺序,当然文献综述的策略和内容结构是可以根据情况进行调整的。例如,你可以先从论述本领域20世纪早期的经典理论和代表性学者的研究发现着手。这部分论述可以遵循时间发展的脉络,将文献与历史背景结合起来。接下来,你可以围绕主题或文献的不同点和矛盾点来排列近期的研究发现,或者讨论不同类型的文献(学术专著和论文、流行杂志、电视评论和网络资源等)中是对于你所研究的主题的相关论述。不管采用哪种策略,文献综述都不能变成"流水账",从头到尾只用一种固定形式(作者甲说……作者乙说……作者丙说……)。

文献综述的一个重要目的是展示你广博的知识面。作为一名博士研究生,你必须对自己的研究主题非常熟悉,对与主题相关的重要文献深谙于心。有时自己可能也会产生所做还远远不够的感觉。一般来说,你肯定不是唯一一个研究某个主题的人,而且大部分主题已被前人充分研究过,有的甚至是被那些顶尖的学者研究和讨论过了。即便从明辨的视角阐述前人的研究,也要展示自己对研究主题的精通程度。

在评论前应先充分阐述他人的研究内容,这样能比较有效地说明你对文献的了解程度。准确描述前人研究也是对他人表示尊重的一种方式,说明你已经仔细阅读和了解了该项研究的主要成就。对质性研究来说,对文献进行阐述可以从以下几个方面着手:如果用作者的原话表述,这个研究的论点是什么?为什么要用这种方式陈述论点?有没有一些"不同立场"?哪些问题亟须解决?作者在文本中是如何进行讨论的?研究数据是如何进行呈现和分析的?研究设计是什么?作者是如何决定采用哪些研究方法的?你当然不可能在文献综述中对每一篇文献都进行充分讨论,但是对于那些主要文献必须给予高度重视。在阐述的时候也可以稍微加一些评论,这么做能体现出你对材料的分析能力,这也是综述的重要组成部分。

读者通过文献综述了解到,你与其他在这个研究领域从事相同主题研究的人之间的相关性。前人的观点可能截然不同,也有可能使用了不同的样本,或者援引不同的概念框架,所以不同的人对主题的呈现并不相同。可以这么想，存在着一场关于你的"学术对话"，而文献综述就是向论文委员会展示你对这场对话的建构，你认为自己在对话中所处的位置，以及你与对话其他参与者之间的关系。

第三章：研究方法和研究步骤

方法和步骤相互关联，但各有所指。方法跟研究整体大局更相关，需要思考的问题诸如：你为什么选择这类研究途径？根据这种研究途径，应该如何提出问题？如何理解问题？如何引导、指导和塑造你的研究？研究方法这个词指的是，如何用质性研究的诸多方法来指导研究。在这个部分需要说明，你采用的质性研究方法，包括深度访谈、参与式观察、建制民族志或女性主义方法等，如何指导研究过程，以及如何建构整个世界。德沃（1999）将其称为关于方法论的讨论。步骤就像使你置身于油画的特定位置。在这个部分，你需要对所有决定做出说明，探讨在田野研究时遇到的实际问题；描述进入研究场所或者接触信息提供者的经过；阐明建立关系、收集数据的过程，以及在田野研究中的实际做了哪些事情。对数据进行编码也属于研究步骤。在这部分要说明的是，使用了（如果用过的话）哪些质性数据分析软件，何时及如何在数据分析中融入理论探讨（如扎根理论、后实证主义）。还可以谈一谈你的判断出过哪些差错以及对研究产生的影响。

如果你把研究方法和研究步骤分开来写，可以更清楚地向读者展示你对研究途径的解读，以及将理论认识付诸实践的过程。一般来说，你会从讨论所确定的研究方法开始，过渡到通过该种方法对知识、人类关系以及与生命息息相关的重大议题的建构过程。在这个部分，你应该重点讨论自己的研究，而不是对质性研究方法泛泛而论。在本章的这个部分应该明确指出你的研究框架属于质性研究，并且展示你对这个研究框架的理解。当然，前提是你对关于方法的文献已经谙熟于心。文献既有关于研究主题的，也有关于研究方法的。大多数专业领域有专门发表研究方法论文的期刊。对于这类期刊你应该耳熟能详，知道这些期刊发表过一些什么样的论文，其中哪些跟你所用的方法特别相关。你对这类文献必须做到烂熟于心，应该充分了解那些提出并擅长相关研究方法的重要学者，时刻关注与方法相关的重要主题进展，并掌握关于你所用方法的不同看法。

质性研究经常运用各种不同的研究方法。如果你正在写一篇跨学科的博士论文，你要用到可能不止一种方法，可能会包括：历史研究法、政策分析、谱系学、叙事分析、半结构访谈、参与式观察、文本分析及其他方法。在描述方法的时候，要证明选择这些方法的理由，以及对研究的重要性。

研究方法之后通常就是研究步骤。在这个部分，你应该向读者展示你在实际研究过程中所做的所有决定，以及在完成研究过程中每一步的所有细节。作为研究新手，你可能会想当然地认为，如果有做错的地方，只要把它掩盖起来就完事了。然而你要做的可能恰恰相反，因为从来不存在什么"完美"的田野研究，任何人都可能犯错，也不可能让所有事情都按意料中的进行。虽然存在所谓完美的研究，但是在质性研究者看来，田野调查整个过程中充斥着各种意外情况，比如心血来潮做出某些决定，或者信息提供者突然生病、改变主意等。这也是质性研究者的田野调查耗时很长的原因：我们总是在寻找重复出现的那些模式，而不是仅仅根据孤立或仓促的决定就做出任何判断。把自己的问题和失误写出来，其实是对自身领域文献的重大贡献。也许通过失误可以让你看到一些在没有犯错的情况下无法意识到的东西。通过犯错，你也许能发现一些对信息提供者来说非常重要的东西，如果没有犯错的话也许就忽略了。例如，有个博士生在做关于中学辍学生的论文时，曾经访谈过一位刚拿到普通教育发展证书（GED）的高中女生。当时，该名信息提供者不停地讲述辍学前她对上学如何感兴趣，而她的家人又是如何不支持她继续接受教育，以及这两种相对矛盾的拉力对她的影响。访谈者对她说："听起来你对自己所处的环境还真是非常具有反省能力啊。"这位信息提供者不知道"反省"是什么意思，所以原本畅所欲言的对话一下子被打断了。很显然，访谈者在做出回应前没有多加注意，她对用语的不当选择妨碍了信息提供者的继续参与。不过，虽然在访谈中发生了这样的失误，但研究者也深刻了解到，被迫中断教育不仅对该受访者产生了非常大的影响，也使得她明白自己缺失了某些文化资本。在方法章节应该对类似的细节进行描述。

如果你还不清楚怎么安排方法和步骤章节的内容，下面的问题可以帮助你进一步理清写作思路：

第六章 论文各章

1. 关于论文的方法部分，有没有哪些必须达到的要求？你是怎么知道要达到这些要求的？你是通过什么渠道和方式了解这些要求的具体内容的？每个大学对于方法这一章的要求各不相同。你必须了解本校关于这章的所有规定或惯常做法。

2. 你用什么关键词来描述民族志方法（如，质性研究方法论专家用来论述惯用做法、观点和问题的那些词语）？回答这个问题也有助于撰写方法论的部分（见 Atkinson, Coffey 和 Delamont, 2003）。

3. 对研究过程中所获得的关于方法论的深刻认识进行论述。

4. 你是否"打破"或"调整"过研究方法的"定律"？效果如何？

你可以想象自己正在教给读者一些关于方法的新知识。许多关于方法论的论文来源于作者博士论文中的研究方法和研究步骤这一章。用事例来说明研究者做决定的过程、在实际研究中的担忧或感受以及遇到的难题，可以促使读者重新解读方法论实际需要解决的问题。有的研究者在论文中谈道，原本以为自己的肤色或族裔身份认同与信息提供者相同会更便于建立相互关系，但实际情况却未必跟想象的一样，双方在阶层或年龄上的差异产生的影响力有可能远远超过相同点（De Andrade, 2000; Nelson, 1996）。在另一篇关于方法论的论文中，作者提到在田野研究的课堂上曾因自身的研究者身份而面临尴尬境地，因为任课教师一直在试图让她表现出与自身不相配的权威性，但这种不恰当的权威性反而便于她建立与学生的相互关系（Lareau，1989；Thorne，1993）。

一般来说，不可能每篇论文都能在方法论部分提出具有颠覆性或者石破天惊的"新理论"，可能只能做到从细微之处让读者有所收获，比如，使读者了解到使用混合研究方法的重要性；或者在某些特殊环境下（如受访者无法用语言进行表达时）为了取得积极成效，可以通过哪些方式对访谈进行调整；或者学会借用其他学科的研究方法，即使这些方法可能在本学科研究中并不常用（如在教育学研究中运用文学解构的方法）；又或者了解质性和量化方法相结合的可能性。当然，实际研究中的确存在颠覆传统研究方法或发现新方法的可能性。但一般情况下，论文的方法部分应该向读者展示，所使用的研究方法对研究本身的重要性，以及这种研究方法本身的重要意义，特别是要在论文中说明，研究者通过运用选定的研究方法，实际完成了哪些研究工作。

第四、五、六章：数据章

毫无疑问，数据各章肯定是论文的重中之重。就算其他章节写得再出色，如果这几章没有强有力的数据支撑，论文的水平也会被大打折扣。我们这里要说明的是，质性研究博士论文一般包括三章数据章节，每一章紧扣一个主题，从一个叙事角度来建构研究整体。不过凡事也有例外。有些论文仅用两章就完成了数据分析,而有的论文可能需要五章达到目的(见Kliewer,1995;Solomon,1999)。既然大多数学校要求博士论文包括三章数据章节,肯定有一定的道理,如果没有能经得起推敲的理由,则不宜另辟蹊径。虽然没有关于质性研究论文必须包括三章数据章的明文规定,但是几乎所有高校都是按照这个惯例来执行的。所以在做任何决定时请务必考虑清楚。

提出论点

质性研究博士论文是循证式文本。当你安排数据章节的条理结构时,必须确定这种结构能有效展示研究数据,以及有效地运用数据论证论文的观点。换句话说,当你安排数据章节的具体内容时,必须确保充分利用全部数据,发挥它们的作用,让研究故事变得完整。

在安排处理各个数据章节的时候,你首先应该问问自己:你要讲的是一个什么样的故事?你对数据的分析有助于塑造故事,研究结果可以根据各章的需要酌情安排。在你问自己要讲述什么样的研究故事时,你对这个问题的答案开头几个字应该是,"这个研究是关于……"然后再继续完成这个句子。这句话需要经过反复推敲,不断修改,最后以肯定语式表达出来。另一种方式是采用论点阐述的方式来回答讲什么故事这个问题。你可以试试用"本文论述的是……"这样的句式作为第二句的开头。把上面两句话结合起来,不断完善,这样你的论文才不会只是"介绍研究的相关信息",而是形成特定的研究立场。下面通过论文范例来具体说明。

詹妮弗·埃斯波西托（2002）的论文题目是"护肤乳与药剂品：大学女生对女性特质日常行为的理解"，其中开篇是这么写的：

> 这个研究是关于女性特质如何成为大学生活"隐性课程"的重要组成部分。本文论述的是，信息提供者必须先学习女性特质，然后才能决定如何"适应"消费者导向的大学校园文化。他们通过学习领会女性特质的多种渠道之间存在冲突矛盾，所以作为大学女生，他们必须调和各种不同的需求。

如果用莱斯利·波盖德的论文《别让你的头脑挨饿：关于青少年、权力和特权的质性研究》来举例的话，开篇的句式如下所示：

> 这个研究是关于一群公立高中的中产白人青少年上学前每周参加讨论小组的活动经历。本文论述的是，这些学生需要不断调和两方面的紧张矛盾：一方面是对社会公正的强烈追求，这个立场在他们的言语中得到的明确表达；另一方面是他们植根于个人主义的观念告诉他们，个人的成功主要依赖于自身的努力。他们难以清楚表明这个立场，而且通常也不太能意识到自己享有的特权在不断得到强化。

下面这段话摘自克里斯·克里维尔（1995）的论文，他用5年时间跟踪观察了9个课堂里的10个唐氏综合征患儿，了解和研究全纳教育和唐氏综合征在不同背景下的含义：

> 这个研究是关于不同叙事群体对打上唐氏综合征标签的孩子如何进行社会建构的。本文论述的是，与将其等同于智力障碍的传统专业定义不同，唐氏综合征对不同群体来说具有不同的表征含义，"这些复杂的社会建构并不稳定，有时还会发生转变"。有的老师认为患唐氏综合征的学生具备一定能力，他们对这些学生的行为的解读是，"不足以说明有认知缺陷，但是因在沟通和行动方面存在差异，学生存在课堂适应困难的情况"。

一开始就明确提出论点可能很难，但是通过这样的练习，能逐渐使论点变得清晰。在练习撰写这两个句子的同时，你其实也在推动自己好好思考每章的内容，以便在最大程度上使论点得到强化。那么，每一章究竟要包括什么内容才能更好地论证文章的论点呢？

组织数据

除了使论点得到进一步强化，还有一些其他因素也会影响论文章节的分配组合。比如，收集得到的研究数据，讲述研究故事的方式，最终想要达到的目的——这些都可能作为划分章节的依据。下面所列出的是比较常用的章节组织模式。

主题式。质性研究者经常按照主题对研究发现进行分类。主题其实就是根据信息提供者的数据集群提炼的观点。因为质性研究者倾向于按照归纳型研究者归类，通常更注重根据数据推导主题，所以按照主题安排各个数据章节是比较常见的做法。研究者需要想清楚，如果采用这种方式将如何推动形成论文的整体论点。

数据式。如果你在论文中采用了折中的方式，使用了不同的研究方法和数据收集形式，在这种情况下可以选择根据要讨论的数据来安排章节。卡塞拉（1997）的论文就是将数据分为按历史时间归类的数据、参与式观察和访谈数据以及文本分析三个维度来划分章节。如果你研究的是观众对电视或电影等视觉文本的解读，那么可以考虑这种方式，比如可以用一章专门讨论文本内容，再用一章解释文本相关的产出效果，另外一章可以用来论述某些特定观众对文本的解读。麦高恩（2001）在撰写关于肥皂剧的博士论文时就采用了这种方式。

编年式。如果你开展了案例研究或者随着时间推移进行了多点研究（Marcus，1998），就可以考虑按照时间顺序安排各章。通过这种方式，重点强调所建构的特定叙事的缘起、过程和结果。所罗门（1999）的论文就是这样安排的。她的研究主题是那些依赖政府福利并接受了护士助理培训的贫困女性。

第六章 论文各章

论文一开始讲述了这些女性在上课和坚持工作方面遇到的障碍。研究者与这些女性（共三个小组）一同上课，了解课堂上的知识建构过程，观察这些女性如何处理在上课期间遇到的教育和教学问题，以及老师对学生的看法和对待学生的方式。然后研究者跟随实习期的学生到养老院参加实训，调研这些女性随着时间推移如何建立相互关系，并如何借助这类关系互相支持，帮助对方克服在培训期间遇到的各种困难，以及学员们对于专业素养的看法。最后，研究者还跟随学员们，特别是那些获得了工作的学员进入工作场所进行调研。正如所描述的，这种方式采用了"之前—之中—之后"的组织模式。各章排列组织的方式以体现和支撑各章的分论点为目的。通过这种方式，论据能以比较有力的方式排列组合支持论证论点。

常见的编年式体系对于划分章节非常有效，与人们对"生涯"的概念定义密切相关。霍华德·贝克尔（1970）对"生涯"的定义是，人们参与某种特定生活方式的系列步骤，包含每个阶段的参与情况。也可以指个人对某个特定身份持有的立场以及该身份随着时间推移而发生的变化。与将"生涯"与职业联系起来的传统定义不同，这种"生涯"形式可以用来追踪个体在不同生命时期发生的变化，无论研究对象是瘾君子、百科全书推销员、辍学生、大学二年级生、eBay用户，都能适用。这种方式被称为编年式是因为它以发展阶段这个概念为基础，并以此来划分经历。同时这种方式也非常民主，因为每个人都有自身的发展阶段。

分类式。这种安排章节的方式需要建立分类图谱，将数据分门别类。通过这种方式，向读者说明研究主题可以分为哪几个不同范畴，根据对范畴的定义和论据的梳理，塑造和阐述整个研究故事。分类是分析研究问题的有效方式之一。分类的形式多种多样。分类学称之为系统、图谱或者分类。如果你运用分类学来安排章节，每一章都必须对应所要讨论的特定类别。比如，有的研究对教育型旅行进行分类，有的对在某个环境中起主导作用的讨论进行分类，或者分析某杂志社用来区别特定族群的图片体系，或人们用来排列家庭照片的分类体系。另一种分类方式是对支持和建构不同情况的叙事类型进行讨论，比如，有的研究对影响公立学校教育的校园暴力进行了分类（Waldron，2002），还有的对某所公立高中家长参与的话语论述进行了分类（Bannister，2001）。当然，也可以对某个特定场所、事件、机构的主要参与者进行分类，或者对某个特定制度或者公共事件的主要观点进行分类。这种方式通过化整为零，能让读者更加充分地了解要讲述的研究故事。

连续式。这种分类体系本来可以纳入上一个形式范畴。不过这种方式只是按照一定范围进行分类，与上一类相比较为宽松。之所以要单独讨论，是因为想说明这种方式可能存在的风险。按照前后文的连贯性建构章节，其实是根据渐进性和连续性将整体拆分成不同的组成部分。"连续"和"连续的"两个词有相同的词根，因此这种方式在区别组成部分之间差异的同时也强调了各部分之间的连接性。如果把连续集合想象成连接

第六章 论文各章

两个概念之间的那条直线，在直线上不同的位置对应着不同的观点，研究者需要说明直线上各点之间的关系，以及直线两个端点代表的观点之间的关系。连续集合并不强调对比性，比如强弱对比、贫富对比或者领袖与追随者的地位对比，而是需要论证在这条线上的各种观点为什么互不相同（即，为什么这些观点不是同一个观点），并且重点在于观点之间的关系。假如通过分类法对新近有收养行为的家长讲述收养经历的谈话进行区分的话，连续集合需要强调关联性，比如，这些养父母描述第一次和第二次收养经历用词之间的相似性（见Flower-Kim，2005），在解释差异性（例如，"到收养第二个孩子的时候，我们已经非常了解怎么做就能绕过某些要求了"）的同时，也需要把两次收养视为一个经验整体的不同组成部分。如果你决定使用连续集合的方式来组织安排论文各章的话，必须明确连续集合的两端各代表什么，以及如何区分不同点。

采用连续集合的方式安排组织各章可能产生的风险之一是，使各章之间的关系套入一种线性模式中。正如之前借用直线打的那个比方，标有不同点的直线本身就暗含了直线性的特质。而实际上大多数关系是非线性的，而且质性研究更擅长描绘复杂事物，因此在使用这种策略的时候必须非常小心。

除了以上几种方法，当然还可以采用其他策略来安排论文的章节。研究者可以借助上面这几种类型充分思考数据分类以及立论等相关问题。选择不同的章节组织形式，数据呈现方式、论文格局和研究故事的提炼就会随之发生实质性的变化。

选择哪种方式取决于研究本身和研究数据。如果无法对数据进行分类，而研究者也没有最终确定论据的形式，那么分类式则可能就不太适用。如果编年式对于论文的论点或者研究故事的讲述起不到任何作用，那就可能需要考虑其他方式。不管怎么样，选择最恰当的方式，有利于对研究数据进行最充分的讨论。

第七章：结论

当大多数人写到最后一章的时候，都会有不堪重负的感觉，似乎已经把该说的都说完了，可能还担心会重复前文，不知道就将来可能开展的研究提什么建议，也不了解自己的研究如何应用于实践。如果你写到最后一章时也有类似的感受，别担心，你并不是唯一一个有这种感受的人。但无论如何，一个强大有力的结论对于整篇论文而言非常重要。如果结论薄弱无力，读者会感到莫名其妙，会对研究的重要性产生怀疑，进而质疑研究是否真的能反映宏大背景。如果结论强而有力则更容易让读者相信，作者非常了解通过论文可能做出什么贡献，能够将研究重点与旁枝末节区分开来，对未来可能开展的研究以及实践尝试也比较有把握。为了得到恰当有力的结论，值得花费功夫细心推敲（因为好的结论并不多见）。好的结论也能让委员会成员心情好。

结论主要包括以下几项要素：对论证内容的总结、对研究故事的概括以及分章节叙事的主要内容。一个好的结论应该对每一个数据章节的内容起到精炼、阐释和点评的作用。结论章还需要对未来可能延伸开展的研究以及研究的实际应用进行讨论。你必须找出自己的研究与实际应用之间的连接点，同时也需要阐述为什么通过目前的研究将来能拓展到其他研究。在做出说明的时候必须反复推敲、条理清楚。

同时，在结论章可以采用相对发散的行文方式。研究者通常需要通过论文写作展示自己的研究能力，迫于种种压力，大部分章节的遣词用句会比较保守拘谨。不过，在对研究发现进行了充分阐述，也讨论了未来可能拓展的研究以及实践应用之后，再写结论时可以尝试稍微放开一些，改变之前保守拘谨的风格，对研究和主题进行畅想，提出一些有趣的问题，或者增加一些个人情绪。

结论章一般为 8 页至 10 页，篇幅不需要过长。即便只有 10 页，也要尽量做到吸引读者继续读下去。如果结论章只是草草写成，最后可能会因为内容过多而导致难以收尾。这种情况是需要尽量避免的。

我们有几项建议仅供参考。第一，如果前言没有涉及结论部分的内容，那么在撰写结论章时会比较容易一些。前言只需要介绍研究。如果前言章对研究发现谈得过多，那么在结论章就会不可避免地重复同样的内容。所以在写作过程中需要反复阅读前言部分，避免涉及任何总结性的内容。

第二，应该在结论章进行一些延伸和拓展。特别是当研究本身对理解某个新闻事件起到了推动作用，或者对解读某个老生常谈的问题提供了新的视角时，更应该如此。例如，如果研究的对象是教阅读的任课老师，那么可以尝试与教音乐的老师联系起来。如果研究的是建筑师教育，那么也可以拓展到其他有关联性或对比性群体的教育上去。这里采用的范例可能有点主观臆断，但我们的主要观点是，如果充分理解分析原则以及这些原则与另一群体的相关性，则可以大大增强结论的力度。

正如本章所述，无论论文的哪一个部分，都需要研究者用心撰写、精心思考，才能充分发挥各个部分的作用。同时，论文每一章达到的目的都不尽相同，因此每一章必须做到特色鲜明、目的明确。只有当每一章都实现了各自应该实现的目标时，才有可能写出一篇论点突出、论据充分的论文。

第七章
写作就像工作

——完成很重要

"构思研究设计,开展田野调查,进行数据分析,完成论文写作",呈现的是博士学位论文全过程的顺序。我们对这个过程了如指掌,大家也都耳熟能详(至少对于高校的人来说)。教授们如果这样表述论文的整个过程,虽然便于刚开始就读博士学位的学生们在脑海中勾勒出论文写作全过程的大概框架,但同时也容易导致整个过程过于简单化(同样也过于线性化)。论文写作需要作者具备多种能力和特质。自信和自律是个人应该有的素质和习惯,但也和作者在阶层、种族和性别方面的社会位置相关。你可能是一个非常自律的人,拿到博士学位不仅对你的职业发展至关重要,还能给家人和所在社群带来荣誉。但是如果你是家中第一代大学生且又是第一代博士生,由于不熟悉论文完成程序,或者不了解论文相关要求,你的自信心可能会受到影响。你的本科专业、阶层背景、导师和教授们对你进行指导的具体情况，以及你进入大学时具备的文化资本都会影响论文写作过程以及你对这个过程的理解。你对博士学位的投入程度是个人特质的一种体现。个人生活中的不同竞争性需求，比如来自家庭和工作等方面相互冲突的要求，也会成为影响你的压力源。当所有这些因素相互交织、互相影响，就会使情况变得更加复杂和具有挑战性。

本章要讨论的是质性研究论文的写作事宜，但不是论文具体要写的内容。目前已有一些关于常规写作的指导用书，我们下面的具体论述中也会提到这些图书。但是现在，我们想谈谈论文写作本身，即在写作过程中必须要面对的个人、风格和策略的相关问题，以及关于如何确定写作风格以及如何在写作过程中坚持不懈、保持自信、寻求支持和完成写作等事宜。最后，我们还会稍微提及一点关于论文内容的问题。

公开交流论文的重要意义

要写出好文章必须要经得起他人的评论。虽然将语言转化为文字是个人的事情，也就是说你会（尽可能）独自坐在电脑前，使所写的东西具有可塑性，在以后几稿中能对论文进行不断修改和调整，但读者的视角与他们对论文的理解密切相关，因此作者也需要了解读者的观点，才能对论文做出相应的修改。论文写作小组、课堂报告或者在会议上宣读论文都是在公开场合展示论文的好机会。通过公开展示，你（在一定程

第七章　写作就像工作

度上）会比较容易跳出个人表达惯性的框框，因此不需要把这些场合看成接受他人对自己的评价，而只需要看作与他人沟通交流个人想法的渠道就好。在各种公开场合投入一定时间，与他人进行讨论，可能会改变把论文当成一个静态物品（比如，"这是我必须要讲的东西，还好已经讲完了"，然后大松一口气）的态度，转而把它看作一个需要他人的培育灌溉（如，阅读）才能生长的生命体。

当我们在公共场合就自己的论文进行交流时，会在口头表达和文本内容之间进行转换。长久以来，学生总是会让我们对诸如语篇、能动性和文献综述之类的专有词语进行定义。我们会做出解释，而且当某些解释对于学生来说特别难以理解时，会重新进行解释。例如，我们提出，文献综述就像发生在你的研究领域中的对话一样。之所以采用这种描述方式，是因为当我们用其他方式来解释时，学生的理解都不太准确。既然我们也都处于公共领域，所以如果有些词语原本的定义让人无法理解的话，我们就必须不断努力找寻新的定义方式。我们不会提出一个定义然后盲从到底，而是会不断进行修改完善，直到这个定义能解决学生们关于文献综述的所有疑问。人们一般不会把写作跟谈话等同起来，因为后者的随意性比较明显。如果能不断推动自己参与公共领域，并借此增强论文修改的动力，也会对论文的写作起到非常大的促进作用。

我们认识一个朋友，他只要一写完论文或者书的某个章节就会把草稿发给别人看。通常这样的文稿都比较粗糙，但是他知道，别人的阅读能帮助他的文章获得提高。他知道自己有时候想要讨论的内容可能比较重要，但是又不确定表达的方式是否准确，所以需要通过读者的评论来帮助自己做出判断。有时候，他也需要确定自己的方向是否正确。这种公开分享文章草稿的做法，使得他的文章常常能被期刊接受并公开发表。他也非常懂得不同的读者会如何理解他的文章。用霍华德·贝克尔（1986）的话来说，这个朋友相信读者们会"以恰当的态度"来读文章，并且"用适当的标准做出适当的评判"（第21页）。贝克尔接着解释了这句话中的"态度"，即帮助作者从初稿杂乱的观点中理清思路，使语言更精炼，提高准确性，提供有用的参考文献或参考信息，便于解决那些棘手的问题（第21页）。作者首先必须非常有自信，才能提升读者对你的信任度，接下来就要谈到这个问题。

自信、文化资本和论文项目

相信自己能出色完成论文写作与狂妄自大之间有本质区别。当你非常有自信，相信论文言之有物，能引起他人阅读的兴趣，对研究价值也非常有信心时，论文写作会变得相对容易一些。如果对自己有信心，跟他人分享文章的草稿也会变得更轻松。不过，很少有人能一直保持自信。自信心经常起起落落，我们也是如此。有一天当你的写作日臻成熟，可能会对自己的研究更有信心。但是在那之前不断奋斗的过程中，你可能会充满疑问。这种感受上的变化也是论文写作过程的一部分，并且在没有面临非常紧迫的交稿时间时，会使你的收获更大。

根据我们的经验，有的学生相比较而言会显得更有自信。这并不是指某些学生非常会自吹自擂，而是我们能感觉到，不仅这些学生的研究非常重要，而且他们善于通过恰当的方式将研究的重要性展示出来。这种自信来源于几个方面。第一个方面是学生本人的自信心，至少在我们看来如此。比如，有个学生从自己多年的个人经历出发，认为整个社会并不了解非洲裔美国学生在以白人为主的学校中的实际生活，因此，她想填补这个空白，并坚信这样的研究能使所有学生群体受益，由此这个学生对研究充满了信心。在这个例子中，信心不仅来自这个学生的学术准备，而且也跟她要促进社会公正的信念有关，她非常清楚自己的研究要表达些什么。

当然，言之有物并不是自信的唯一来源。从制度上看，之所以在博士阶段设计论文这个环节，是为了检验学生是否已经具备相当的研究能力。对有些人来说，可能这是人生中第一个比较有分量的研究项目，而且看起来任务非常艰巨，可是如果不跨过这道坎，就不能做自己真心想做的事情。而有的人可能通过帮助教授申请研究经费，已经积累了一定的研究和写作经验，所以虽然博士论文写作任务的确繁重，但对他们来说并非一切从零开始。如果有一定经验，那么在完成论文这件事情上你会比别人更有优势，也会让你更有信心。家人的文化资本也有可能是你自信的来源，特别是那些接受过高等教育甚至获得过博士学位或是对学术圈比较熟悉的家人。

虽然我们在讨论论文写作的时候并没怎么提到文化资本，但它的确存在并且会产生实质性的影响。例如，在撰写论文过程中到底应该阅读多少文献？如何才能得到这个问题的答案？当然，协助教授申请过研究经费或者项目的人会比较容易解决这些问题。但是你也应该清楚，无论个人多有才华，完成论文的工作量都是非常艰巨的，研究者需要博览群书、扩充知识面。如果你能从阅读与研究主题相关的文献中获得乐趣，那么肯定是件幸运的事情。有参与教授的研究或协助教授工作经历的人，应该会比较了解研究是怎么回事。

论文写作小组的支持

如果有可能，我们真想通过一项法律，规定凡是进入论文写作阶段的博士生都必须加入论文写作支持小组。先别担心！你们中可能有的住在校外，或者是全职工作的单亲家长，也有的人日常事务非常繁忙，而且肯定会说："别开玩笑了！这不是压垮骆驼的最后一根稻草吗！"虽然我们没有强制执行这个想法的权力，但是我们想利用这个机会重点强调一下这么做的重要价值。我们之所以强调论文写作支持小组对博士研究生的重要性是经过多方考虑的。主要原因有：

1. 写作支持小组的组员们都经历着相同的过程。大家都需要面对各种压力、要求、导师、恐惧、焦虑——当然还有兴奋和希望。跟支持小组的成员们谈论自己遇到的问题有助于将论文写作坚持到底，因为个人的经历是小组文化的一部分，并不是什么无关的事宜。当然大家的经历可能不会完全相同，但是，那些相通的部分能推动和滋养小组内部的文化。这是支持小组最具有治愈性的一面。

2. 小组成员也是论文最重要的受众之一。他们会比教授们还先认真阅读你的论文，还会就论文内容提出很多非常重要的问题，比如，"这就是你想要表达的主要观点吗？""你的论文就是关于这个的吗？""你是不是想说……""当我读完这段/节/篇计划书的时候不禁想到了……这是不是你想表达的呢？""当我读完这部分后，会在脑海里勾勒出信息提供者的样子。这是你想要达到的效果吗？"然后你的回应可能会是"没错，我就是想表达这个"或者"不，那不是我要表达的观点。我是想说……能跟我说说，要怎么做才能把我这个观点表达出来吗？哪些地方需要修改呢？"类似的谈话不仅对于论文草稿的撰写极其重要，而且也能推进关于论文的讨论，从而提升写作水平。支持小组提出反馈意见，帮助你了解到自己想表达的跟读者的理解之间存在哪些差距。当你认真对待论文时，会避免只用好或坏（这样的二分法可能并不很准确）来做判断，在灵活运用单字、词组、理论、章节安排和写作风格等方面下更多功夫，把想说的内容通过最恰当的方式表达出来。

3. 成为小组的一员会让你更加充满活力，坚持最终完成论文。小组成员会相互关注，并且阅读各自的论文。如果你容易因为他人的关注而焦虑，感到非常不自在，那么在小组互动中会有足够的时间让你调整自己学会适应他人的关注，并且逐渐习惯起来。如果你非常享受他人的关注，而且希望多多益善，那么你肯定会享受他人的注意力投注在你身上的感觉。仔细阅读他人的论文之后与其他成员进行讨论也会让你充满干劲，激发你更深入地进行阅读和思考。写作小组还能让你在审视自己的写作、思路、意图和论点时不那么墨守成规。

4. 通常的情况是，同一个论文写作小组的成员研究领域各不相同。因此，大家会从不同的角度解读各自的论文，世界观可能也不尽相同，所以在他人看来是理所当然的事情，于你可能未必作如是想。别人对你的研究领域可能了解得也不深入。有可能你会在不经意间提到一些概念，但并没有做出充分解释。组员之间的学科交叉对大家都会有激励作用，推动你寻找更有效的方式跟读者进行沟通交流。

5. 如果你的写作过程并不一帆风顺，对要写些什么也感到非常迷惘的话，写作小组会对你伸出援手。如果大家相互信任，当你某个部分总是写得不尽如人意的时候，很自然地你就会向其他组员倾诉。写作小组成员都非常了解你的研究，应该可以提供有针对性的建议。

我们所描述的是写作小组发挥积极作用时的情形。如果你发现组员们的论文水平参差不齐，抑或你对他人的论文进行了反馈却很少或从未得到过他人的反馈，那么就需要审慎考虑，这样的小组是否值得继续加入。论文写作小组的重要性在于，组员之间能相互提供支持和评判意见，以及从不同视角思考论

第七章 写作就像工作

文的可能性。如果小组无法发挥这样的作用,那么是否加入还需非常谨慎。

一旦开始,坚持不懈,直到完成

如果能把所有时间用于论文写作,把它当成一份全职工作,事情会简单很多。但实际上常常事与愿违。读博士学位的人,有的有本职工作或助教工作,还有个人生活。有的可能在准备要孩子,或者已经有了孩子,正为了孩子、配偶或父母的健康问题忧心忡忡。生活中这样那样的状况总是层出不穷。当你投入全部时间开始论文写作时(我们这里特意使用了"全部时间",因为在这个过程中也会偶尔写一些篇幅比较短的材料,比如写作备忘录),如果能集中几个月的时间专注于论文写作,成效肯定是不一样的。即使无法集中全部时间和精力投入论文写作,只要已经完成了研究计划书和数据收集,如果有可能获得研究资助的支持,你也能在几个月之内全勤投入论文写作。如果这些都很难实现,那么你就得制定一个适合自己实际情况的写作安排表了。

现在所有准备工作已经就绪。你坐下来,手指搭在键盘上。马上面临的问题是:从哪里开始下笔呢?上一章我们提到过,你应该从数据章开始。如果组织或计划完整的一章比较困难,可以从写一些研究备忘开始着手。然后从这些材料里选出适合进一步论述并拓展成一章的备忘或主题,详细陈述研究发现,并佐证以研究数据。当完成一些这样的写作之后,这些书面材料可以作为继续挖掘的素材，并尝试在数据分析之间建立关联。杰夫·曼格莱姆以社会科学课老师在流行文化方面的兴趣为研究主题。他打算在论文中用到其中两位老师的个人介绍，以期在写作上"获得一些动力"。拟定教师个人介绍之后，杰夫并没有立即将其用于论文。几个月后，他才决定以教师个人介绍为基础，撰写关于数据的其中一章，通过跟其他参与研究的老师进行比较，从少数几位老师的个人资料里继续拓展和充实这章的内容。虽然刚开始撰写教师个人介绍时，杰夫还没想清楚这么做具体能起什么作用，但这为杰夫之后的写作积累了素材，而且也成为后来这一数据章节的主旨。

如果你写过备忘录，记录过田野研究收集到的数据和数据分析的情况，可以试着把这些备忘集中起来，了解目前已有哪些素材可以用于论文写作。也不妨试想一下，如果用一定方式把这些备忘组合起来，论文各章节的雏形是否就已经搭好了呢？

你想成为哪种类型的作者？想采用哪种写作风格？写作风格与文章的遣词造句是互相呼应的，而人们常常忽略这一点。想提高写作水平，可以阅读两类出版物。一种是针对写作本身的，在这方面我们认为比较实用的书有：《社会科学写作必读》（Becker，1986），其中有许多关于社会科学写作的实用建议；《风格的要素》（Strunk 和 White，2000），该书谈到了关于造句、选词和语法的基本原则；《论写作》（King，2002），虽然是一本关于科幻写作的书，但也可以作为其他类型写作的借鉴；《毒害写作》（Mitford，1979），这是一本关于扒粪新闻报道的书，非常具有可读性和娱乐性，也出人意料地就如何有效讲述故事提供了很好的意见。虽然你不一定要按照这些书的内容照本宣科，但可以促使自己好好思考所要选择的写作风格。如果你真想成为文体家那样的人，阅读这些书也会使你有更多选择。

第二类是在写作过程中对你开卷有益的所有出版物，比如你非常欣赏的某本读物，不一定要跟研究主题直接相关。阅读文笔出众的社会科学家的作品，或阅读那些非常符合个人品位和欣赏方式的作品，都能激励你提高自己的写作水平。你会仔细思考那些作者是如何对主题开展论述的，从中汲取有用的策略为己所用。如果你还没有找到想要阅读的书籍，可以问问朋友或老师，请他们根据各自的心得推荐非常有价值的书。尽管阅读有时候会导致写作进程变缓，但是可以提升你作为作者的控制力。你可以了解其他人如何决定和怎么安排所有章节，如何对信息提供者或主题进行前景化，对研究过程进行讨论的程度有多深等问题，然后反问自己让读者在阅读论文后受到什么样的影响。

持之以恒

设定一个恰当的时间表、选定写作风格并不能说明就会坚持完成论文。只有真正做到坚持不懈，你才能保证让论文写作按部就班，才能在非常繁忙的情况下仍旧坚持到底，即使心生惶惑也能最终完成论文。在论文撰写过程中，你总会在某些时刻觉得自己正在做的事情在各方面都与标准差得很远。有时候这是因为你处于"身在此山中"的困境，无法清楚地看到研究主题的重要性和显著性。有时候，也可能是因为数据的论证还需要多一点时间，研究方法还需要进行一些调整或者转换一下策略。要度过这个阶段，除了坚持到底，也没有其他更好的办法了。事情常常有可能出现转机，至少如果你期望发生转机的话，你就会发现一周前还感到沮丧万分的事情，现在又让你燃起了热情和希望。曾有一位博士生的话为那些处于消极情绪中的人提供了非常好的建议。她在备忘中谈到曾有过的那些怀疑和低潮，这也是她调研笔记的一部分。她的感受是，把对研究项目的怀疑和厌恶直接说（写）出来，这种直抒胸臆的方式有助于控制自己的情绪。她在"自我忏悔的调研笔记"这个部分中说道：

> 今天是新学年以来的第四次会议。我不定期参加"别让你的大脑饿着"现在已经一年了——包括去年秋天的几次会议以及去年春天大部分周会。我的数据越来越多。但是我现在感到有点儿找不到方向，或者说对这个研究项目越来越困惑。一方面，本来这样的场合应该是了解孩子们以及他们如何看待世界最理想的场所，同时也非常便于观察性别发挥作用的过程，语言也具有非常显著的意义，能看到孩子们成长中经历的那些挣扎，了解在孩子们看来哪些东西比较重要。但是，我总是觉得自己的笔记"没有什么出彩的地方"。我把每件事情都记录下来，录

入电脑,做好备忘,但是我不知道应该如何理解所做的这些笔记,也不知道怎么才能用更亲近的方式跟这些孩子打交道。我也在不断地阅读关于青少年的民族志研究,那些研究者与研究对象之间确实建立了有效关联,而我就是做不到。所以我问自己,为什么还要做这些?我其实很讨厌早起。我不是一个早上就精力充沛的人。简而言之,早上6点50分就要到那儿让我这一整天都过不好。如果感觉这么糟糕的话,为什么我不能另选一个研究项目呢?我想我是有点心灰意冷了。记得(我的导师)曾经说过,如果你讨厌职业摔跤,就不要选它作为研究主题。那么我为什么要选一个让自己饱受折磨的研究主题呢?再过几周我必须重新评估这一切,看看是否只是因为我的情绪不好才会这样!(调研笔记,1998年10月14日)

这位博士生认识到,她称之为的"方法论危机"与研究项目以及收集到的数据都有关系。通过参阅其他文献和他人的质性研究,她发现所有研究过程中研究者都会产生自我怀疑甚至号啕大哭。当发现自己并不是唯一一个怀疑自我的人,她感到非常奇怪,为什么很少有人谈到民族志写作中这类"方法论和概念上的困境"呢?当然有些人谈论过研究方法、表征、研究者与信息提供者之间的关系等问题。但是在写作过程中经历的所有困境,比如对于研究主题充满爱恨交织的挣扎,在心情低落或者必须早起时还要咬牙坚持,有的人要坚持每天从澳洲的乡下通勤去到城里,或者已经身为人母并有几个孩子要养育，这些都会让人觉得好像自己是唯一面临这些难题的人。然而，事实并非如此。

持之以恒有时候不仅指个人的奋斗挣扎，也会涉及与非个体的权威性之间的抗争。下面两个例子来自真人真事。例一是关于某位博士生曾因对本人就职学校中和性相关的问题进行研究而被勒令中止的事情。当时有人威胁她，还写了针对她的投诉信，使得她在终身教职评估中的得分非常低。但是她非常坚信自己有权把关于学校和学生的事情公之于众，也得到了所隶属的工会和大多数学生家长的支持。持之以恒对她来说就是做到保持冷静，详细记录每一次跟校长（她的反对派）的会面以及所有司法听证会。她做的所有事情都通过了正规渠道，从来没有失去理智，并且非常清楚自己享有的权利。最后，她得到了学校董事会以及其他关键人士的支持，完成了论文。

例二的这位博士生研究的是费城青少年法庭系统，他也曾受到限制无法参加法庭诉讼。诉讼现场通常都会向公众开放，而他的一部分研究内容是要对这些诉讼进行观察。有位法官用口头告知和正式公文的形式下发通知，不允许他在法庭开展这种研究。这位博士生在给法官和法院的正式信函中提出的理由是，因为这些诉讼对公众开放，所以自己也应该有旁听的权利。他事后回顾，当收到那位法官的通知时，他的第一反应是服从指令。当时他已经收集了一部分数据，而对于诉讼的观察只是论文的一小部分。但是导师敦促他必须对此做出回应，伸张自己旁听诉讼的权利，于是他采纳了导师的建议。等确定对方收到了他的信函后，他继续对开庭诉讼进行观察。后来虽然他仍时常遭受冷眼,但没有再被勒令离开庭审现场。

在研究和论文写作过程中,可能有多种动力支持你最后坚持到底:比如配偶、导师、写作或论文支持小组、同学,甚至可能是以其他研究者为榜样。而当面对的是政治问题而不再是个人问题的时候,你必须要了解自己有哪些权利,以及确保在开展研究前已经获得了所有关键人士的首肯。如果被勒令中止或者放弃研究,你可能需要先了解清楚,自己到底是否有开展这项研究的权利。如果你确实有权开展研究,那么就要做好准备,整个论文过程可能会因为遇到这种情况而变得非常漫长而艰难。

写作即风格

每个人都有自己的写作风格——这不仅指语言文字本身,而且包括对待写作这件事的风格。论文写作需要有一定风格,有时候这还会影响到人的一生。对那些喜欢早晨慢慢来或睡懒觉的人来说,他们可能需要闹钟以及新的方式度过早晨时光。人们总是臆测,博士生写论文的时间挤挤总会有的。是否能挤出时间完全取决于个人。有的人晚上效率非常低,有的需要照顾孩子,有的要上班,大家都有这样或那样的责任。所以,设计一个时间表(即便非常有弹性也可以)并且坚持下去,这对于写作来说非常重要。正如一个博士生在说唱词里写道,"如果你不坐下来写,白纸它肯定不会写"。其实,大家在撰写博士论文过程中的心得也能提供一些经验借鉴。有一位人类学专业的研究生曾提到,在清晨散散步,倒一杯咖啡,擦干净眼镜,然后在电脑前坐下来,这些都是她在做好写作准备的固定动作(参见 Becker, 1986, 其中有对这些仪式更详细的讨论)。另一位博士生是这么说的:

> 我拿其他作家为范例。我不是说那些撰写论文的人,而是指那些小说家。像弗吉尼亚·伍尔夫和巴尔扎克那样的人,他们对写作是那么狂热。他们让写作充满了浪漫主义色彩,为了写作付出所有,通宵达旦,如痴如醉。我虽然没有到那种程度,但是我对自己说,要么不写,要写就要像那些作家那样。

还有一位博士生在全职工作,每天大清早就出门,通常在下午 4 点下班回到家,然后 5 点去托儿所接孩子。

> 单亲母亲加上兼职工作就跟完成论文写作一样艰难。但是我有自己的一套。每天下午用一个小时来写作,虽然时间不长,但是我保证会坐在凳子上,面前的桌子上摆着电脑,开始写东西。之后,等我儿子睡着了,我还会花一个小时来写作。其间我不会关机,虽然我知道儿子睡着后我应该关闭电脑,这时候我已经很疲惫了,但我会再读一遍下午写的内容,一般还会进行修改,加一小节,或者再写一些,这样我会再花大约一小时的时间。我总是告诉自己,我要一直坚持下去,直到把自己喜欢做的事情做完。

第七章　写作就像工作

有的人要疲于承担各种责任，而有的人，特别是那些获得资助去完成论文的人，可能没有"非常可行的时间表"。

> 我的问题就在于可支配的时间太多，而没有做好时间规划。当我还在读研究生的时候，我在另一个系当助研。每周工作20个小时，还要作为全日制学生修课，只能用晚上的时间来写论文。现在，我专门花一年的时间来写论文，反而缺少能让自己静下心来写东西的固定时间表。我读很多书，也告诉自己要做好写作的准备，但我花很多时间上网，虽然跟自己说是要查找写论文需要的信息，但到最后总是没有写成。这就是我所说的拖延症。

这个博士生最后下定决心，每次如果完不成两页纸的论文，就不允许自己弹吉他（是他的最爱）。

还有一个论文作者给自己准备了一个周计划表：

> 我告诉自己，每周至少要写15个小时。每天2~3小时，外加一些周末要做的工作穿插其间。我参加了一个阅读小组，组员都是一起修课的同学。我们会互相发电子邮件，相互检查进度，每周碰一次面。他们会问我写作的进程，我也会问他们，确定他们按进度完成了写作任务。

还有一位博士生从自己的子女那儿得到启发。"当我的孩子们还很小的时候,我们会在冰箱上挂一个日历,记录他们做过的事情,比如完成了家庭作业或者整理了房间。每做一件事情,我们都要孩子们画个勾,无论什么事都是这样。"她自己也采用了同样的办法,每天记录自己写了多少页。每周五她都要达到一个新目标,大多数情况下都能按部就班实现目标。每个人都有自己的风格,你要做的就是找到自己的写作风格,就像找到自己的声音一样。

合理利用时间

在论文写作过程中,如果能给每一章设定一个完成时间表,很显然会非常有效。因为你为自己设置了需要努力达成的目标,所以设定时间表会积极推动论文写作。就算没有每次都按时达成目标,截止日期本身就是一种衡量标准,便于掌握写作进度,方便了解自己达成目标的情况,检查自己到底落后一周还是两周,又或者落后太多已经远远赶不上计划了。如果已经赶不上计划,原来的时间表可能已经非常脱离实际、不再适用了。请记住,制定时间表的目的是帮助自己做好写作规划,而不是要让自己充满罪恶感,或者过于自责。在完成第一份初稿到做好答辩准备之间可能需要好几个月的时间,因此制定时间安排非常重要。如果答辩日期定在4月,算上根据导师和委员会成员的反馈意见而进行的多轮修改,你必须在1月就要完成交给导师的第一稿。每当刚开始论文写作的博士生来问我们,怎么能够知道他们能否在4月(或者9月或6月)进行答辩时，我们都会拿出一张纸，上端写下他们想要答辩的日子，然后倒推，将导师阅读论文、提出修改意见、重写、等其他委员会成员阅读论文，以及学校规定在答辩前多长时间评阅人必须收到相应的论文（每个大学对委员会在答辩前何时需要收到论文终稿的规定有所不同，通常需要提前2周至3周）等环节需要花费的时间都考虑进去。在计算整个过程需要花费的时间后，结果常常让学生感到惊讶。时间表的作用是，帮助你了解交出论文终稿后的整个过程实际需要多长时间才能完成。

就算制定了时间表，有很好的动机，也做到了自律，有时候你可能还是毫无进展，比如无法集中精力，对自己写的东西也没有把握。无论因为什么，这种情况并不少见。但千万不要把所有工作都停下来，不妨试试只做跟论文相关的某一项工作，比如整理文献列表，补充引用的出处，再读几篇文献综述能用上的文章，或者整理出一些可以论证主题的数据，等等。不同的工作对专注度的要求也不同。有的工作比较耗时，但是相比之下挑战性并不那么强。最好还能够动态记录需要完成的事情。有时候，重写或者对某些小节进行编辑也有助于排遣沮丧的情绪；如果某项工作一时无法顺利完成，可以先换其他工作来做。

写作风格略谈

我们之前说过，本章的焦点在写作本身，而不是写作风格。但是有两个问题，我们必须提醒大家。只要在阅读论文时发现这两个问题，我们都会在论文的空白处提出评论意见。

请尽可能使用主动语态

许多成功的作家，包括本章提到的那几位（如，Becker，1986；Strunk 和 White，2002）都强调了主动语态的重要性。当使用主动语态时，就必须对人的能动性做出解释，故事的展开会自然而然随着文本的内容推进。被动语态虽然可以指出行为的结果，但是并不能说明施动者是谁。这会造成你，即作者本人的免责，但会让读者无所适从，无法了解行为的细节。很多学术期刊上发表的文章都采用了被动语态，使得让作者摆脱责任的写作模式随处可见。为了对比读者如何理解这两种叙述语态，我们将通过亲身经历来说明更偏好主动语态的原因。

第一个例子来自本书其中一位作者的文章，其主要论点是，成人研究者在研究年轻人的时候，对自身记忆的依赖可能在提升叙事权的同时妨碍了对研究对象的理解。首句就奠定了整篇文章的基调：

> 无论承认与否，在研究青少年的时候，民族志研究者总会随着记忆的脉络重温自己的青少年时光……相比之下更常发生的是，这种回顾旧时的行为会使成人研究者重申旧日少年的身份。通过这种身份，研究叙事者会自称他们对于信息提供者而言并非全然的陌生人。相反，叙事者认为将个人经历代入研究项目会增加他们的阐释权。（Biklen，2004，第 715 页）

主动语态在这里奠定了文章步调。

在文章后半部，作者转而使用了被动语态："人们自出生就处于某种特定的政治氛围中，这种氛围塑造了一代人的共同价值观。当不同世代的人相互交谈时，可能会存在一些障碍，如果这些障碍不能跨越，沟通就无法进行下去。"（Biklen，2004，第721）这段的结构相对就比较薄弱一些。最后一句应该可以改为，"当不同世代的人相互交谈时，必须跨过一些障碍才能沟通下去"。修改过的句子不仅从语法上更正确，而且并没有让作者免除责任，明确说明了应该跨越界限的主语（不同世代的人），而之前的版本只暗示了可能只有成人需要跨越障碍。主动语态的使用使得作者的用词更为精确。

第二个例子是关于被动语态的运用，是我们从一本关于性别与教学的书中选取的。"首先，职业存在于公领域，并按照个人对按劳付酬体制的参与程度以及因参与该体制而获得的社会地位来进行衡量"（Biklen，1995，第24页）。在这段对"职业"的社会建构的论述中，对被动语态的运用（"职业按照……来进行衡量"）意味着，作者不需要说明具体由谁来衡量。这里是指那些通过某些方法和模型来研究职业的社会学家，还是对教师的生活有所观察的民众？被动语态的使用，使得这个句子被弱化了，因为这种方式不需要说明到底所指为何人，而实际上是应该要做出说明的。

第三个例子来自一本以讨论公司如何向学校推销安全技术为主题的书：

在过去几年对校园暴力和安全问题进行研究的过程中，我发现有很多类似情况，不同学区的学校当局处理安保问题的做法是购买一些设备，如金属探测器、所有教室门上安装的键盘锁、带有全方位移动及镜头变倍和变焦控制的监视器、校警佩戴的肩部麦克风，以及部分被用来追踪走廊上的学生的手持移动电脑。（Caella，2006，第2页）

这句话的前面部分使用了主动语态，然后列举了多个技术设备的名称，毫无疑问证明了学校领导们非常想购买这些设备。在这句话的末尾，当转变成被动语态后（"被用来追踪……的手持移动电脑"），我们没有向读者解释清楚谁在追踪学生。是警察，老师，还是学校职员？如果使用的是主动语态，我们就不得不清楚说明设备的使用者是谁。虽然被动语态有可能出现在任何学术写作中，但是你应该尽量避免用到它。

请尽可能避免使用民族志现在时态

当我们在撰写质性研究和民族志研究文章时，总以为既可以选择用过去时态也可以选择用现在时态。如果使用现在时态来论述的话，会造成时空静滞的负面效果。当你研究某个场景、某些信息提供者或者跨越场景的某个专题时，研究的内容必然会随着时间的推移而发生改变。当你进行观察的时候，人们的行为表现可能是一个样，但是当3年或5年或10年过去，他们的行为表现可能又是另外的样子。如果用现在时态写作等

第七章 写作就像工作

于在暗示，你所研究的这些生活片段将会一直保持像你所观察到的那样而不会改变。但是如果使用过去时态则说明事情会随着时间推移而发生变化。

人类学家克利福德·格尔茨（1995）曾著书描述他研究过的两个城镇多年之后发生的变化，在其中一章中他特别强调了这种翻天覆地的变化：

> 问题在于，跟一个人最初的想象相比，实际上发生的变化更多，也更杂乱无章。当然，这两个城镇的确改变了很多，有的变化比较表层，有些比较深刻。同样地，人类学家本人也是如此。人类学家研究的学科、学科存在的知识背景以及依托的道德基础都是如此。两个城镇所属的国家以及两个国家所处的国际环境也是如此。就连每个人对生命实质的理解也都是如此。（第1~2页）

虽然在研究写作中运用过去时态并不一定导致像格尔茨描述的这种复杂状况，但表达的意思是类似的。你肯定不想造成误会，让别人以为你在研究场所中捕捉到的研究世界从当时到如今没有任何变化。你肯定会想让研究的持续性和重要性得到认可（参见 Davis, 1992）。

因为这条建议涉及研究笔记和论文正文之间的关系，有时候可能会让大家产生疑惑。在写研究笔记时，你可能使用的是现在时态：

> 当我走进房间时，注意到所有正在小憩的护士们都围坐在一张小桌子前，在听贝蒂娜读报纸上的新闻时哄堂大笑。(1999年6月4日)

> 当我走进去的时候吉尔问我："你想不想来一点这个美味的千层面？这是一位患者家长带给我们的。"吉尔、贝蒂娜、玛丽和奈莉都正在吃纸盘里的千层面。面闻起来很香，所以我说："好啊，如果还够的话。"（2000年10月8日）

如果你在论文的某章中要用到摘录的研究笔记，应该保留摘录片段的现在时态，就像在田野研究中记录下这些内容时一样，但是在正文的叙述中要用过去时态。你可以这么写："布里克森医院的护士们经常使用比灵顿之家这个房间来开展社交活动。"接下来你可以通过上面两条笔记摘录来说明这个论断。如果不用现在时态来撰写调研笔记，可能就不会那么令人费解。

鉴于我们经常使用参与式观察的调研笔记作为质性研究数据章节的正文部分，在这种情况下必须对调研笔记进行翻译。比如对笔记进行必要的转换，将原始数据转变成论文的正文。下面借用这段话说明具体应该怎么做：

> 布里克森医院的护士们经常使用比灵顿之家这个房间来开展社交活动。有好几次当我也在那儿打发下午时光的

时候，我观察到她们之间一些非常友好的互动。例如，有一个下午，我看到所有正在小憩的护士们都围坐在一张小桌子前，在听贝蒂娜读报纸上的新闻时哄堂大笑。还有一次，四位护士坐在一起吃着患者家属带给她们的热腾腾的千层面。虽然生活并不总是如此惬意，但是我多次观察到她们之间的这种交流，并且意识到它的重要性。

在正文中使用数据的方式有很多，但是无论你采用哪种方式，都要尽量让读者明白，你的信息提供者并没有因为你突然闯入她们的世界而变得束手束脚起来。

第八章
质性研究论文答辩

论文答辩在不同的人看来含义是不一样的。作为质性研究者，你应该理解关于现实的社会建构，即"对情境的定义"这一理念（Thomas，1923）。也就是说，情境本身并没有内在意义，而是具有赋予情境的意义。在特定情境中，人们根据自己对情境的理解或者"定义"做出反应。此刻作为"博士生候选人"，你的想法跟一般质性研究者可能不一样，也许会觉得自己有点儿"如坐针毡"。

你可能会有点五味杂陈：首先，当然是因为自己的研究将会得到他人的认可而感到骄傲；这也是"仪式"的关键点，你将从学生变为专业人士；因为你知道（至少能想象）别人会提出什么问题，可能为此有点惴惴不安；而这个漫长的过程总算要结束了，还会掺杂一些喜悦之情。在正式答辩之前的这几周，在不同时期某些情绪可能会更为强烈。

论文导师可能也会百感交集。你终于即将获得博士学位，导师会为你感到高兴；也会猜测当答辩委员会提出不同问题时，你会如何作答；会非常期待你在答辩过程中的表现；可能也像其他在场的教授们一样，非常期望通过答辩激发一场智力的交锋。

请记住，虽然这种场合对你来说可能是一生中唯一的一次，但对教授们来说则不然，他们年复一年参加过多次类似的答辩活动。虽然导师也许对你在本领域的思想贡献投注很大，但是跟花几个小时听答辩人回答问题，却没有迸发出一点思想的火花相比，其他人更愿意参加一场有启发性的讨论。当然，这么说可能有点夸张。教授们既想要展示自己的能力，也想看到答辩人的出色表现。对你而言，你也许会把一场激烈的讨论看成对你的批评或质疑，但对教授们而言，如果通过对论文的讨论提出一些值得探讨的问题并且深受启发，他们会感到非常高兴。

以上内容提出了我们在本章想要说明的几个问题，包括：解释描述论文答辩、准备论文答辩、把答辩当成一场表演和焦虑等。下面先解释一下论文答辩的定义。

论文答辩：定义和描述

在论文的书面稿完成以后——当然这并不一定指论文的初稿——根据所在学校的政策，你需要获得论文导师和委员会核心成员的批准，才能正式进行论文答辩。虽然各个大学对论文书面稿的要求有所不同，但是大部分学校以能"通过"论文答辩为指导原则，只是在形式上可能各不相同。常见的评阅结果包括：通过、通过且优秀、通过但需要由导师指导进行少量修改、通过但需要经过重大修改并得到委员会全体成员批准和不通过几种类型。在答辩这样的场合中，委员会成员与评阅人都会出席，聆听你回答关于论文的诸多提问，而论文是你投入了大量精力才写成的。答辩通常由来自研究生院的学校代表担任主席，主席的主要职责是确保答辩的客观公正，就像仪式的主持人一样，确保答辩的所有步骤都遵守既定程序，委员会成员提问的权利在任何时候都能得到保障，确定所有表格已经签好字和正式提交。大部分学校的答辩是公开的，朋友、嘉宾、任何对论文题目感兴趣的人或者想要了解答辩是怎么回事的人都可以参加。不过他们也许不能全程出席。根据大多数学校的政策，当委员会成员和答辩人都到场后，答辩人和所有旁听者都需要离开房间一小会儿，以便留在里面的人就答辩程序达成共识。假设委员会成员来自学校的不同院系，答辩主席和委员会成员之间需要就答辩的具体步骤达成共识。比如，谁第一个提问？应该按照什么顺序轮流提问？委员会只有等其他人员离场回避后才能就这些事宜进行商议。

委员会有时还会就答辩人和论文进行讨论。答辩主席可能会问"有没有人对答辩进程有疑问"或者"有没有人对该项研究有重大质疑"等问题。如果你的论文主席比较负责，你们之间的沟通交流比较顺畅，那么就应该不会有人说"有，我认为这篇论文有非常严重的问题，答辩应该中止"之类的话。论文导师应该非常清楚你的研究论文是否符合答辩要求。

如果他/她认为论文还没有达到要求，就不应该让你准备答辩。有的高校通过某些机制，尽量避免到论文答辩最后阶段却有人不同意的情况。以雪城大学教育学院为例，除了由三位教授组成的委员会核心小组，还有两位来自其他院系的教授担任"外部评阅人"。在他们同意担任评阅人后，需要比答辩日期提前3周收到要评阅的论文。在答辩前的48小时内，他们必须提交《论文评阅人意见表》。表中除了要求评阅人填写的评语和提出的问题之外，还包括下面三个问题：

1. 该篇论文的口头答辩是否可以如期举行？
　　　　是　　　　否
2. 评阅意见：
　　　　接受论文原本形式不变
　　　　接受并注明少量修改
　　　　接受并注明重大修改
3. 存在问题：
　　　　1）形式和风格
　　　　2）基本设计
　　　　3）数据收集
　　　　4）数据分析
　　　　5）对相关理论和研究的述评
　　　　6）其他：　　　　

虽然评阅人的评语和提出的问题是论文答辩时需要应对的

最重要的事宜，但是论文导师和答辩人必须先确定评阅人是否同意让答辩按计划进行。如果导师和学生都做了自己分内的事，答辩是水到渠成的事情，就不会在答辩前48小时内还感到心里没底。万一碰到这种情况，而实际也曾发生过，评阅人的反馈反而能避免一场注定不会成功的集体会议。

答辩的过程从答辩人对论文的简要陈述开始，一般持续2小时。根据国内各大学的惯例，答辩人陈述的时间从10分钟到20分钟不等。每一所大学都有关于陈述时长的既定规则，但答辩人可以采用不同的答辩策略。每一种策略都有各自的长处和短处，所以你应该充分考虑评定委员会、委员会成员和评阅人关于论文的评语、在你所处的环境中对这项陈述的期待和要求。

第一种策略是，简要总结研究的主要发现，强调研究对文献的贡献和研究本身的重要性。选择这种策略的人通常会通过幻灯片来展示。这种形式的优点是，可以利用这个机会，清晰地向委员会全体成员展示你的主要观点，以及你认为这些观点的重要性。但缺点是，委员会成员们都已经反复阅读过你的论文了，这样的介绍听起来就像在重复他们已经知道或者说非常了解的东西。

第二种策略是，在报告中对委员会成员提出的关于论文的批评意见做出回应。很显然，只有提前获知批评意见，你才能采用这种策略。如果采用这种方法，你要介绍论文并且回应关于论文的批评意见。后面你可能还需要回答其他问题，但是从你的角度来看，至少可以展示自己的研究从哪些方面解决评阅人的疑问。曾经有位学生准备答辩时，一位评阅人的评语是"研究者没有写清楚对信息提供者的了解程度"。这位学生在开场陈述中，以委婉的方式用部分内容对这个问题进行了回应，而没有直接说明是回复某位的评语。这种方式的优点是，你主动回应了评语中提到的问题，而不是被动等待回答教授的质询。而缺点是，如果该位委员会成员的意见比较不那么重要，而你在开场陈述中花费过多时间进行回应，会显得过于重视细枝末节。

第三种策略是强调论文的方法论。这种方式强调的是内容，而不是研究设计、实地调研和数据分析这些问题，也要看你的研究提出了哪些更有意义和更重要的问题。如果你的论文在方法论方面做出了重要贡献，或者在调研过程中经历了非常艰难或有趣的过程，那么就应该选择这种陈述方式。如果你采用的研究方法对于本领域来说并不常见，也可以考虑这种方式。如果教授们不了解多地民族志的话，他们可能非常乐意听到你通过自己的研究做出解释。他们可能很想知道，在论文并没有特别关注女性或者性别的前提下，你是如何在研究中运用女性主义方法论的。

开场报告要集中评定委员会的所有注意力，让他们意识到你既是报告人也是一位知识分子。当然你可以将上面提到的几种策略结合起来使用，但是必须要在充分分析答辩这件事之后再做出决定。一般来说，你会提前跟导师商量如何完成这个报告。你可以利用开场报告这个机会为之后的讨论奠定基调，或者尽量对后续讨论议程施加影响。

开场报告结束后一般是问答环节。不同的大学关于谁第一个提问的做法各有不同。有的学校由导师第一个提问，将其作为一种荣誉的角色，是对导师辛勤付出的公开认可。而在有的学校，则由那些参与论文写作过程最少的委员会成员第一个提问。这些人包括刚刚读完论文并签好意见的评阅人，或是在论文撰写过程中涉足最少的委员会成员。教授们轮流向答辩人提出问题，如果碰到他们特别感兴趣的主题，或者出现了严重的意见分歧，他们之间也会相互交锋。有时候，如果其他在场的教授认为自己能帮助澄清误解，可能会直接插入答辩人与提问教授之间的对答。

有一次，在一个论文答辩会上，某位教授因为是唯一一个对论文持有不同观点的人，所以显得跟其他成员格格不入。在这位教授看来，送交答辩的论文"把老师贬得一文不值"，而其他成员却不这么认为。在这位教授跟答辩人进行问答的过程中，其他教授纷纷发言，想要弄清楚那位教授为什么会有那种想法，并且提出自己的观点作为对照参考。那篇论文最后以优秀的成绩通过了答辩，而且后来还获了奖。答辩委员会所有成员都出席了，讨论过程非常激烈。虽然那位教授对答辩人的研究提出了很多批评意见，但是因为委员会其他成员会适时加以援手，答辩人不需要独自承受回应批评的所有压力。

问答环节结束后，答辩人（和所有旁听者）都会被要求离场，委员会全体成员会进行投票，决定论文是否通过答辩，给予哪种通过结果，以及需要进行修改的地方。然后答辩人回到答辩地点接受大家的祝贺。

答辩的准备工作

在芬兰，很多人把北欧健走当作一种运动。北欧健走使用两支手杖走路，每只手一支。手杖看起来很像滑雪杖，唯一区别是在手杖的两端是橡胶皮，而不是金属材质，也没有底部的环，而且长度可以调节。进行北欧健走时，行走人在运动的时候手持手杖，每当手杖点一下，就是向前迈进了一步。这项运动需要上肢和腿部相互配合。几年前，我们曾经在芬兰工作过一段时间，当时第一次注意到了手杖，所以对这项运动非常感兴趣。近期我们又去过一次，观察到更多当地人使用手杖的方式。对北欧健走手杖以及这种运动方式的熟稔度，使我们在观察的时候思维更为缜密。比如后来我们注意到，行走人每迈出一步，不再采用脚前点杖摆动双臂动作，而是变成斜点杖，也就不需要每一步都抬高手臂了。正因为我们非常熟悉这项运动，才能从细微之处进行观察。

这个比喻也适用于论文答辩。你作为旁观者参加答辩的次数越多，就越了解答辩的所有环节，才能观察到不同答辩之间的差异，以及了解到委员会成员各种不同的行为方式。

除了多次通读论文，另一项重要准备工作是阅读一些跟研究相关但没有被归入论文文献的论著。答辩委员会很可能就研究意义和影响提问，这样的阅读便于你了解其他研究者开展研究的过程，对相关问题有所准备。

把答辩当作一场表演

如果你的论文文笔非常精彩,但是答辩时却磕磕绊绊,回应问题时也结结巴巴,也许能勉强通过答辩。如果你的文笔非常一般,但是在答辩时表现优异,对材料非常熟悉,对数据有独到的见解,而且对其他人提出的问题了如指掌,那么等到答辩结束时,委员会对论文的满意程度肯定会大大高于刚开始的时候。即使论文刚达到要求或者水平一般,如果答辩的表现突出,委员会有可能授予你以优秀的成绩通过答辩。如果你的论文水平一般,即使答辩的表现非常抢眼,你可能还是会面临不理想的结果。

当我们说把答辩当成一场表演是指,论文答辩在公共场所举行,而你需要像在舞台上表演一样,展示你非常理解自己的研究内容及研究的重要性。你并不是演员,而是在表演"答辩人"这个角色。

委员会成员们参加答辩时,都会对答辩人的行为表现有所期待。如果你达到了他们的要求,在谈起自己的研究时显得知识非常渊博,或者对委员会提出的问题用非常开放的方式做出回应,那么可以说,你把答辩人这个角色表演得入木三分了。表演是指,委员会成员期待看到,通过什么样的发言展示你掌握了哪些研究背景知识,以及你的研究在更宽广的层次上提出了哪些问题。事实是,你要在众目睽睽之下发言,在你畅谈论文并且回应他人的问题时,教授(及其他人)会盯着你看,而你在答辩时的行为表现肯定跟你在其他场合下的行为表现有所不同。

教授们不希望看到答辩人在答辩时都用同一种方式来表演。他们作为答辩委员会成员，也不会只根据一种标准来履行职责。答辩人可能表现得紧张、自信、健谈、拘谨、风趣或者不安——但是仍然能按照委员会的要求完成表演。在进行这种表演时需要特别注意一点，这点能使你受益匪浅，那就是：坦诚。

虚己受人的态度

在答辩时如果要做到虚心接受他人意见，首先要仔细倾听委员会成员提出的问题，努力思考和理解他们的出发点。不同的人在阅读你的论文时，会带入自身的兴趣点和知识，他们提出的问题反映了各自阅读论文的结果。那些让他们感到特别有兴趣的问题对他们而言的意义可能远大于对你的。比如，如果你的论文是通过社会学的途径来探讨某个主题，但是某位答辩委员会成员对历史研究比较有造诣，那么她提出的问题可能会集中在研究主题的历史意义上。也有可能评阅人不太理解你在讨论能动性与社会结构之间的关系时，为什么只论述了安东尼·吉登斯的观点，而压根没有提到皮埃尔·布迪厄的重要理论。你要做到把这些都当成有价值的问题来对待。虽然你的论文不可能让所有人都满意，但是教授们提出的问题肯定能启发你从不同的角度思考研究的意义和作用。

我们在本书前面部分曾经提到过一个例子，一位教授认为某篇论文比较缺乏理论性，但是另一位教授认为应以论文运用的理论为基础推进论述的深入展开。虽然该委员会成员并不会要求答辩人在撰写论文或者答辩时一定要达到个别人的要求，但是他们都利用了答辩这个机会从自己的关注点出发提出问题。当时在场的教授们都认为那场答辩非常激烈，也非常让人受启发。由现场提出的问题而触发的热烈讨论完美地诠释了布迪厄和华康德（1992）对理论与数据之间关系的准确描述："进行观察的目的是捕捉那些隐含的关系结构，研究的每一项行为对于了解这些结构来说既具有经验性（面对的这个世界充满能观察到的各种现象）又具有理论性（必须有假设）"（第35页）。答辩人虽然不需要根据答辩委员会成员的个人兴趣来调整论文，但是必须理解答辩现场各种问题的重要性，要能描述自己在实际操作中为什么那样处理数据和理论之间的关系。论文读者的背景各不相同，因此兴趣点也会多种多样。

我们在上面的例子中可能有点过多强调你要做到虚己受人，在委员会成员提出的问题很难回答的情况下，也要理解其所持的视角。委员会成员提出的问题一般都是论文应该着重讨论和解决的问题。如果碰到类似情况，你可以解释在论文中如何就相关问题展开过讨论，但具体方式跟提出问题的人所看所想的可能有所不同，或者也可以说明你计划怎么解决被问到的问题。

如果论文已经顺利完成，保持虚己受人的态度也是告诉别人，论文只是讨论的起点而不是终点。教授们可能因为受到论文的启发而提出各种问题。而问题的内容可能会超出论文涉及的范围。只要你能理解自己所做的研究可能产生的影响和贡献，那么你的表现就是合格的。比如，假设论文讨论的是有身体残障的孩子关于全纳教育的经历，而某位教授却问你与有智力障碍的孩子之间的关联性，你不应该用"这不是我所研究的主题"之类的话进行回应，而应该用类似"这个问题非常重要，我很高兴您提出来。在接下来的研究中，我会持续观察一组有智力障碍的孩子，从学前班一直到小学二年级，希望能对此有所了解。在我看来，这两个群体面对的困难和障碍肯定有所不同"的话来回应。提问者并没有期望你已经对他所感兴趣的问题进行了研究，而是想知道你从自己的研究兴趣出发对其他事物的接受度有多高。

如果你的论文探讨了教社会科学课程的老师们关于流行文化的观点，而某位委员会成员问你，这些老师的观点跟教英语或者科学课程的老师们有什么不同时，你应该把这种问题当作对方对你的研究感兴趣的表现，而不要当作批评。提问者当然知道你并不了解同一所学校里其他老师对流行文化的看法，但是你也许读过跟问题相关的文献。表演的一个重要部分就是表示出你对问题的尊重。

当出现政治和意识形态方面的分歧时，保持虚己受人的态度尤为重要。这并不是说你要在相关问题上做出妥协，放弃自己的立场，而是说你必须真正了解在提问者的预设中对世界进行建构的方式。当讨论一些"热门"话题时，如果碰到委员会成员观点各异的情况，其中一种应对的策略是，一边重申你的观点，一边表示你充分理解了提问者的视角。例如，如果你研究的是"方法论的去殖民化"（Smith，1999），并充分论述了土著人如何抵制你称之为殖民化的研究方法，而某位教授提出的问题是你的方法是否具有"科学性"时，如果你能清楚地表达所论证方法的主要原则，将自身研究的模式描述清楚，就能做到在描述自身立场的同时避免让自己听起来是在找借口辩护什么。在之前那个关于某位教授认为答辩人"把老师贬得一文不值"的例子中，得到这种结论已经说明是那位教授在诡辩，而不是答辩的学生。

博士生答辩在某种程度上也是一种仪式，大多数答辩人会感到紧张。我们把它描述成一种表演，并不是说它是"假的"，不"真实"。我们的意思是，每个人经历答辩时怀有的期待各不相同。鉴于评审委员会比答辩人更具有权威性，对于答辩的学生来说，做到把自身的角色表演好，达到对方的要求，对自己的研究工作了如指掌，并且对委员会成员的各种问题保持虚己受人的态度，就已经非常好了。

焦虑

在进入答辩阶段时，你肯定会感到焦虑。即便几周前当你提交论文时对自己的研究水平感到信心满满，而到了答辩的时刻，你可能会感到自己好像置身于舞台之上，对自己是否能完成表演反而变得不那么确定了。对于答辩人来说，会感到焦虑是再正常不过的事情。每当答辩的学生说他们感到非常焦虑，我们都这么回答："这很正常啊。有点儿焦虑也是必然的。"注意到了吗，我们用的词是"有点儿"。

第八章 质性研究论文答辩

跟答辩相比，论文写作花的时间要长得多。你可能花了几个月甚至几年时间完成研究和论文写作，但是答辩只需要几个小时。答辩的过程时间非常紧凑，精力无法充分释放，容易使人变得焦虑。答辩最重要的部分就是你已经完成的研究工作。如果你和导师都认为论文已经符合答辩要求，并对此充满信心，那么你就应该做好自己应该做的事情，把论文答辩想象成参加两小时的热烈讨论，这个过程既对你提出了挑战，激发你的活力，也能使你受益匪浅。

如果不了解论文修改过程，答辩人无法预见评阅人会对自己的研究做出什么样的评判，因此焦虑很容易变成担忧。以前有个学生总是打听她非常熟悉的两位教授是否可能担任论文评阅人。当论文主席了解到她的行为是因为焦虑而导致的时，回答她说："他们都不可能当你的评阅人，×××（此处略去学生姓名）。不用担心——你的论文写的非……常棒！！！懂我的意思吗？"

在答辩前夕有焦虑感，是因为感到事情似乎已经不是自己能控制的了。如果你有这种感受，在某种意义上说，是没错的。你没错是因为无法预测在答辩的过程中会发生些什么。你也不知道坐在桌子周围的教授们是否"喜欢"你的研究。虽然你想获得所尊重的教授们的好感，但是他们是否让你通过答辩，跟他们是否"喜欢"你的研究或者对你的研究感不感兴趣没有直接关系。他们只需要判断你的研究工作是否合格。

如果你参加过本院系其他人的答辩，为自己做好准备，你的焦虑程度可能会有所降低。你可以通过他人的经历想象一下自己的答辩可能会是什么样子。

你在答辩时准备说些什么取决于你对评审委员会和自身研究工作的了解。如果你特别担心有的委员会成员不太了解质性研究，那么就应该做好准备，对研究方法论部分做出说明。如果线上研究是你的研究重点，而你担心有人可能恰恰对这种研究不了解，那么就应该尽量通过举例，对质性研究中这类新兴领域做出说明，然后阐明自己的观点。你还可以谈谈线上社群研究如何影响质性研究者使用的方法或步骤。

论文导师有责任帮助你缓解焦虑的情绪。你不仅应该跟导师好好谈谈自己担心的问题，为答辩做好充分的准备，而且也应该对导师在答辩过程中角色的变化有所了解。在答辩前，导师的角色都是推动、激励、挑战和支持你尽自己所能写出最高水平的论文的角色（当然完成论文是第一要义）。而在答辩时，导师的角色就会有一些转变，会转向具有更多保护主义色彩（前提是导师对你的研究非常有信心）的角色，帮助尽量减少论文的修改量。导师并不是要阻止委员会成员提出修改意见。修改意见通常会指出一些论文本应提到但没有提到的问题。相反，导师要做的是确保你只需要对论文进行必要的修改，而不是通过修改回应委员会个别成员感兴趣的问题。

等你到答辩这个时刻，可能对论文已经非常腻烦，但你的目标应该是围绕内心非常关注的主题，完成一篇重量级的论文。有的学生说他们的目的只是拿学位，研究工作只要能"过得去"就行，我们对这种观点持保留态度。你必须对自己的研究工作有所追求。很多学生的论文主题充满争议或者非常

第八章 质性研究论文答辩

前沿,虽然会担心教授们的反应,但是他们不会害怕答辩,反而会非常努力,在答辩时保持虚心坦率的态度,做到对研究材料了如指掌。千万不要因为担忧教授们的反应,就放弃通过研究尝试思想上的冒险。只要你的论文主席或委员会支持这样的冒险,或者至少不反对,那么你在论文答辩时就不需要过分担心。

要记住,教授们从参加答辩和对他们认为理所当然的想法提出挑战的优秀研究中,都能有所收获,而且他们也很享受能相互交流、相互启发的讨论。学术机构应该使所有参与者不断从各自的研究中学到东西,给大家提供相互学习的机会。到你答辩的那天,只要坚定信念,相信你在捍卫自己所做的选择、持有的观念和完成的工作的同时,还能教会其他参与者一些东西。

第九章
非传统型论文

在撰写质性研究论文的过程中，你写作的环境，尤其是所在院系或学校对质性研究方法的支持度、教授们对写作风格的了解程度、教授或院系对某些研究类型的支持意愿等因素，都有可能偏向于某些特定类型的论文。作为博士研究生，你要做的工作也包括了解论文写作环境。下面我们来看一些例子。如果在我们身处的环境中，质性研究论文非常普遍，许多与你来自相同研究领域的教授也从事质性研究，质性研究方法课程体系非常完善，那么质性研究论文就不会显得那么与众不同或引人注目。但是如果教授们几乎不从事或者也不太支持质性研究，即便是非常传统的质性研究论文，在别人眼里也是不符合传统的。这两种环境有实质性区别，对于质性研究的推动作用也各不相同。在第一种环境中，还可以给更多非传统质性研究留有一定余地，而在第二种环境中，这肯定是不太可能的。

第九章 非传统型论文

但是这些环境并非一成不变。如果环境僵化不变，就不可能带来任何改变。质性研究方法之所以在不断扩充，是因为研究者们非常想了解怎么利用叙述法来处理数据，想知道关于发声的理念，想对谁是研究对象以及为什么这样的问题了解得更多，想知道为什么有的问题从来没有人提出来过，例如，从被打上弱智标签的人的视角来研究他们。反种族歧视运动、女性主义、LGBT研究、社会激进主义以及文化政治等领域的变革，推动了实证研究去探讨那些前人几乎不会涉足的研究议题。当你想要了解所在大学论文写作环境时，请记住环境也会变化，只要你愿意，就能在这种变化中发挥作用。

总之，作为一名博士生，你对自己和所处的环境必须非常了解。你想要因为推动某些议题而积极投入完成论文写作吗？或者你虽然想要写一篇自传式民族志论文，但是对于怎么跟导师和教授们打交道非常没有把握？或者你周围有一群同样在写论文的博士生，并且大家认为要通过集体努力打破论文常规？或者在你的院系和学校里，有的教授在非传统质性研究方面非常知名，或对采用其他研究方式非常感兴趣？这些情况都给你下一步的决定提供了非常重要的线索。最后，还有一个最重要的问题是：撰写非传统型论文这个决定是否明智？本章我们会对非传统型论文进行定义，讨论人们为什么会受到相关表征模式的吸引，提出这类论文需要解决的问题，最后还会提出一些忠告。

什么是非传统型论文？

非传统型论文没有一个固定模式。我们已经说过，各个高校对于非传统型论文的理解各不相同。在某种程度上，我们当然可以把那些比较新的质性研究方法，比如建制民族志（DeVault 和 McCoy，2002）或者线上访谈（John，Chen 和 Hall，2004）称为非传统型。这些方法虽然属于质性研究的范畴，但因为还比较新，对于质性研究论文来说可能被认为是非传统的。但是这些新的方法与传统质性研究方法有相同的实证基础。我们在这里使用的"非传统型论文"是指，通过在实证研究方法上有所创新而突破写作局限的论文。这样的论文可能会运用批判种族理论或女性主义的方法来收集和分析数据，但有可能还不止这些，比如有可能运用文学写作或个人回忆录的方式。换句话说，它们挑战了实证研究与文学创作之间的界限，使得个人叙事与更传统的实证式质性研究之间的界限变得模糊起来（参见 Goodhall，2000），推动了社会科学家特别是从事质性研究的社会学家，对常见的论文框架进行反思。这种类型的论文偏好运用特定的叙述和数据表征形式，比如自传式民族志、电影或多媒体以及文学写作。

J. B. 朱克曼（2001）的论文就是非传统型的，论述了一所富于改革精神的市内学校在教材中加入了文学鬼怪故事，用来说明那些已经离世的人如何依然影响着学校及其所处环境。通过这种方式，朱克曼在不违反为信息提供者保密的原则上，写到了学校的早期创建者和参与者的影响力，而这对于研究范围比较窄的案例研究来说是必须要解决的问题。这篇论文提出了两个概念性问题：一是如何处理那些比较棘手的保密性问题；二是当某些特定人士本人已经不在，但其影响依然深远时，如何在论文中有所体现。

这篇论文可以纳入非传统型的范畴，因为鬼怪故事虽然来源于真实故事，但是这些事件、问题、故事出现和发生的场景跟研究者进行研究的场景并不相同。那些包含复合特性的论文也会通过类似的方式变成非传统型。传统质性研究的叙事方式是为了展示研究者在收集数据方面有多么小心谨慎，这样读者能够判断出数据质量的优劣。而非传统型论文的撰写者们虽然必须对数据非常了解，也必须有相当的写作水平才能用创新的方式顺利完成论文，但是读者在阅读这类论文时不太容易评价数据质量的好坏，或者理清数据与分析之间的关系。

形式的魅力

研究者之所以受到非传统型数据表征形式的吸引，其原因可以归结为"政治"和"立场"。我们在这里用"立场"这个词来指代后殖民主义和后结构主义，用"政治"这个词来指所有追求社会公正的运动，如反种族歧视运动、女性主义、残疾人权力运动和酷儿理论等，都是与变革权力关系相关的。

后结构主义、身份政治和后实证主义已经促使民族志研究者们特别重视研究者本人的身份与研究信息提供者之间的关系。如果民族志研究者和信息提供者来自同一族裔、种族、性别或者国籍，有时会被当作更便于进入研究场所的证据，而有时又会因为这些复杂性必须进行分析（参见，De Andrade，2000；Lather 和 Smithies，1997；Nelson，1996；Villenas，1996）。如果研究者比较强势，而信息提供者被打上了"另类"的标签，那么就可能会踩到物化或"异端化"（Gupta 和 Ferguson，1997）和为他人发声（Alcoff，1991/1992）的地雷。后结构主义明确指出"中立观点"是不存在的（Haraway，1988），对民族志研究产生了实际影响——叙事者引入个人信息，使得生产的知识具有情景性，产生了民族志研究者的凝视。换句话说，研究者自身也成为叙述的一部分。传统论文中研究者的立场比较清晰，而在非传统型论文中，分析自我作为方法问题与让自我成为研究主体的一部分两者之间的区别越来越小。比如在自传式民族志中，研究者的自我反而是研究的重要组成部分。必须包括作者的经历，而不能仅仅作为关于主体性讨论的一部分。

学者们之所以对非传统型形式感兴趣，是因为传统质性研究方法似乎把他们关注的人和人的问题摒除在外（无论他们如何定义人和人的问题）。这些是非传统型论文涉及的政治问题。克莱尔等人（2003）特别指出了"民族志研究的殖民根基"（第 11 页）。质性研究有其发展历史，更确切些，有其多种发展历史。研究者专注于各种研究传统的原因和程度各不相同。当那些为了群体而写作并以群体为写作对象的研究者认为传统研究无法满足他们的需求时，就会在研究中尝试以其他方式表达自己的观点。

贝丝·费里对学术知识如何表征残障人士非常感兴趣。同时,她想通过运用女性主义理论来开展质性研究以及与信息提供者建立协作关系。在她看来,跟传统方式比,这种模式对于表征那些常被物化的群体来说造成物化的程度要低得多。在对有阅读障碍的女性进行研究时(Ferri, 1997),她在所属大学论文委员会之外又组建了一个顾问委员会,由四名有阅读障碍的女性研究参与者组成。这几位女性帮助分析数据并构建理论分析。费里将去掉了所有可识别信息的数据摘要发给顾问。因为所有数据都是线上采集的,信息提供者的观点在地理上可能并非来自同一个地点。虽然这种方式跟采用文学创作的研究论文不大一样,但是它与其他非传统型论文一样的是,研究者与信息提供者分享数据分析的权利,因此也对研究者本身的立场进行了深入分析。

考虑撰写非传统型质性研究论文

本章开头提到了与撰写非传统型质性研究论文相关的问题,特别是与完成论文有关的精力和人的问题。上一部分重点论述了这类论文的魅力所在。这个部分主要探讨当你对这种论文形式感兴趣的时候,应该注意哪些问题。

最重要的问题是,找到一位支持你从事这类研究的导师。虽然找到这样一位导师并不是不可能,但还是有一定难度的。导师的支持对于你是否能完成这种论文来说是必不可少的。与我们打过交道的几位论文导师都曾说过:"我不鼓励学生用论文来冒险。但是,如果学生真的非常想采用这种方式而且也非常投入,那我也不阻拦。"还有的导师说:"要写这种类型的论文,学生必须得非常了解数据,而且还得文笔非常出色才行。"

事实上,也有的论文导师说过,写非传统型论文的难度会更大,需要学生比在一般情况下具备更多写作技巧。虽然这样看起来可能不一定公正,因为同一位老师可能同时督导的传统质性研究论文在写作方面的水平并不高。而这正是学生需要面对的事实,当你开始研究后就已经成为一个社会组织过程的一部分了。传统模式对于论文导师来说更为游刃有余,即使一篇比较传统的论文写得不怎么样,这种写作形式的建构方式也会让委员会更容易理解。如果你想沿用新模式或者加强新研究模式,就不能仅仅把自己的研究当作某个主题知识领域的一部分,而是对研究形式本身的探索。你需要做好面对关于方法论强化等问题的准备,比如,如何让读者了解你作为研究者,为什么会知道那些已知的东西,为什么能论证你所论证的东西。虽然对这些问题做出解释并不一定能提升论文的水平,但这是由读者和作者之间的关系所决定的。你还需要回答"为什么要让读者了解你在论文中写到的那些个人经历"之类的问题。

专业性也是重要问题之一。论文有可能跟随你经历整个职业生涯。因此还需要考虑自己的专业身份,比如可信度的问题。当你采用了非传统型论文形式,你作为博士研究生可能需要承担额外的压力来确保可信度。要顺利完成非传统型论文需要花费更多功夫。比如，要更加主动地向读者解释为什么要做出这样或那样的决定。如果你用传统方式撰写论文，那些对质性研究比较熟悉的读者会更容易理解你所做的研究。如果你运用了更创新的方式，他们可能也需要你做出特定说明才能理解。有的教授认为只有充分了解传统方式，才能驾驭非传统方式。有位导师用"具有一定传统的学徒制"来形容质性研究方法，就本章内容我们交谈过的所有导师都提到，跟运用传统质性研究方法的论文相比，运用非传统研究方法的论文必须费更多笔墨来推动故事的发展。

如果采用这类试验型的写作形式，那么还需要考虑到如何把自我与更重大的议题联系起来，也就是研究项目讨论的那些"重要思想"。克莱尔（2003）认为，"根据这种形式的特点，个人叙述不应该停留在个人层面，而是应该跟整个文化背景联系起来"（第12页）。也就是说，当你在论文中使用了个人素材，你要先问问自己，为什么在这儿要用这样的素材？使用之后对论文能有什么帮助？林肯和邓金（2003）在对质性研究进行讨论时曾提到，"合理化危机"会导致研究者和信息提供者之间的关系问题。在他们看来，我们必须解决"文本权威性"的相关问题，包括，"这篇论文是否如实反映了研究场景及应该表征的那些个体？论文是否有权向外界宣称不仅回应了研究者的兴趣点，而且反映了研究对象的兴趣点？"（第618～619页）。回答这类问题的途径多种多样，非传统型方式也就这些问题做出了回应（参见 Richardson, 2003; Ellis, 1997, 2004）。

如果你对非传统型质性研究论文非常感兴趣，你也许还需要积累一些专门词语便于进行分析讨论。受到后现代主义的影响，民族志的文本特点越来越明显，使研究者更加注重对文本写作和田野研究并重。因这个潮流才出现了用"故事"这样的用语来描述关于不同表征形式的论述（Van Maanen，1988），以及关于反身性和社会立场的词汇（Hertz，1997）。批判种族理论鼓励质性研究应该以讲述个人故事和叙述为中心，强调有色人种生活应该占据一定空间（Duncan，2002；Ladson-Billings，2003）。女性主义和反种族主义研究强调研究者和所表征的他者之间的关系，并称之为"解释连字符"（Fine，1994）。理查德森（2000）提倡更有创新性的写作方式，不仅从不同的角度讨论问题，而且对写作的内容提出了挑战。她提倡的方式被德沃（1997）称为"修辞法创新"，是对社会科学本身的挑战。理查德森（2000）把"煽情式写作"当作一种方法，推动探讨"物化社会科学实践的标准如何限制了我们自己和社会科学本身"（第5页）。换句话说，有许多人在运用非传统型研究方法，从事相关教学，通过课程为学生提供运用这种方式写作的机会。

建　议

对于是否尝试非传统型论文这个问题，我们有什么建议呢？我们并没有毫无保留地提倡这种形式，而是保持比较谨慎的立场。我们看到了用这种形式开展质性研究可能产生的风险。这是一个非常复杂的选择。同时,我们也耳闻目睹过许多非常优秀的论文采用了文学创作形式而且效果非常好。我们读过很多论文,有的运用了批判种族理论,在文本中结合使用了大量个人叙述的内容。你可以先练习一下,我们在准备写这章时也做过练习。或者查阅《论文摘要》,看看有哪些学者的研究能代表非传统型质性研究,然后再去查阅他们所指导的学生撰写的论文。了解一下有哪些大学和专业支持这类研究,也许你能从他们那里获得一些思路和支持。在论文写作过程中,对自己的研究充满激情也是非常重要的。如果你非常渴望撰写非传统型论文,那就去完成那些能使自己受益的前期工作,找到能使自己出色完成论文写作的支持力量。

最后,非传统型论文可能都是非传统的,但是它们的撰写风格可能南辕北辙。读者如果理解了在论文中讲述个人故事的原因和目的,那么可能会非常想听到这个故事。如果不明白为什么要把注意力放在叙事者的个人生活上,那读者就不会感兴趣了。到底有没有必要了解叙述者在为如何撰写论文或如何表征信息提供者而犯难时给谁打过电话呢?如果我们低估了"煽情式写作"对写作技巧的要求,那么很有可能无法用创新的方式跟读者进行交流,也不可能挑战乏味的社会科学写作,只会让读者感到枯燥无味。

参考文献

Abu-Lughod, L. (2005). *Dramas of nationhood: The politics of television in Egypt*. Chicago: University of Chicago Press.
Alcoff, L. (1991/1992). The problem of speaking for others. *Cultural Critique, 23*, 5–32.
Atkinson, P., Coffey, A., & Delamont, S. (2003). *Key themes in qualitative research*. Walnut Creek, CA: AltaMira Press.
Banks, C. (2004). *This is how we do it: Black undergraduate women's perspectives on cultural contexts in higher education*. Unpublished dissertation proposal, Syracuse University.
Banks, C. (2006). *This is how we do it! Black women undergraduates, cultural capital and college success—reworking discourse*. Unpublished doctoral dissertation, Syracuse University, Syracuse, NY.
Bannister, J. (2001). *"Home-work": Difference and (em)power(ment) in parent involvement discourse*. Unpublished doctoral dissertation, Syracuse University, Syracuse, NY.
Becker, H. (1970). *Sociological work*. Chicago: Aldine.
Becker, H. (1986). *Writing for social scientists*. Chicago: University of Chicago Press.
Best, A. (1998). *Schooling and the production of popular culture: Negotiating subjectivities at the high school prom*. Unpublished doctoral dissertation, Syracuse University, Syracuse, NY.
Best, A. (2000). *Prom night*. New York: Routledge.
Biklen, S. (1995). *School work: Gender and the cultural construction of teaching*. New York: Teachers College Press.
Biklen, S. (2004). Trouble on memory lane: Adults and self-retrospection in researching youth. *Qualitative Inquiry, 10*(5), 715–730.
Bogad, L. (2002). *Feed your mind: A qualitative study of youth, power and privilege*. Unpublished doctoral dissertation, Syracuse University, Syracuse, NY.
Bogdan, R. (1976). National policy and situated meaning: The case of Headstart and the handicapped. *American Journal of Orthopsychiatry, 46*(2), 229–235.
Bogdan, R., & Biklen, S. (2007). *Qualitative research for education* (5th ed.). Boston: Allyn & Bacon.

Bogdan, R., Brown, M. A., & Foster, S. (1982). Be honest but not cruel: Staff/parent communication on neonatal units. *Human Organization, 41*(1), 6–16.
Bogdan, R., & Taylor, S. (1994). *The social meaning of mental retardation*. New York: Teachers College Press.
Bourdieu, P. (1977). *Outline of a theory of practice*. Cambridge, UK: Cambridge University Press.
Bourdieu, P. (1984). *Distinction—A social critique of the judgment of taste*. (R. Nice, Trans.). Cambridge, MA: Harvard University Press.
Bourdieu, P. (1997). The forms of capital. In A. H. Halsey, H. Lauder, P. Brown, & A. S. Wells (Eds.), *Education: Culture, economy, society* (pp. 46–58). Oxford: Oxford University Press.
Bourdieu, P., & Wacquant, L. (1992). *An invitation to reflexive sociology*. Chicago: University of Chicago Press.
Campbell, M., & Gregor, F. (2004). *Mapping social relations: A primer in doing institutional ethnography*. Walnut Creek, CA: AltaMira Press.
Casella, R. (1997). *Popular education and pedagogy in everyday life: The nature of educational travel in the Americas*. Unpublished doctoral dissertation, Syracuse University, Syracuse, NY.
Casella, R. (2006). *Selling us the fortress*. New York: Routledge.
Clair, R. P. (Ed.). (2003). *Expressions of ethnography: Novel approaches to qualitative methods*. Albany: State University of New York Press.
Davis, J. (1992). Tense in ethnography: Some practical considerations. In J. Okely & H. Callaway (Eds.), *Anthropology & autobiography* (pp. 205–220). London: Routledge.
De Andrade, L. (2000). Negotiating from the inside: Constructing racial and ethnic identity in qualitative research. *Journal of Contemporary Ethnography, 29*(3), 268–290.
Denzin, N., & Lincoln, Y. (Eds.). (1994). *Handbook of qualitative research*. Thousand Oaks, CA: Sage.
DeVault, M. (1997). Personal writing in social research. In R. Hertz (Ed.), *Reflexivity and voice* (pp. 216–228). Thousand Oaks, CA: Sage.
DeVault, M. (1999). *Liberating method: Feminism and social research*. Philadelphia: Temple University Press.
DeVault, M., & McCoy, L. (2002). Institutional ethnography: Using interviews to investigate ruling relations. In J. Gubrium & J. Holstein (Eds.), *Handbook of interview research* (pp. 751–756). Thousand Oaks, CA: Sage.
Duncan, G. A. (2002). Critical race theory and method: Rendering race in urban ethnographic research. *Qualitative Inquiry, 8*(1), 85–104.
Edgar, A., & Sedgwick, P. (1999). *Key concepts in cultural theory*. London: Routledge.
Ellis, C. (1991). Sociological introspection and emotional experience. *Symbolic Interaction, 14*, 23–50.
Ellis, C. (1997). Evocative autoethnography: Writing emotionally about our lives. In W. Tierney & Y. Lincoln (Eds.), *Representation and the text: Re-framing the narrative voice* (pp. 115–142). Albany: State University of New York Press.
Ellis, C. (2004). *The ethnographic I: A methodological novel about autoethnography*. Walnut Creek, CA: AltaMira Press.

Esposito, J. (2002). *Lotions and potions: The meanings college women make of everyday experiences of femininities*. Unpublished doctoral dissertation, Syracuse University, Syracuse, NY.

Ferri, B. (1997). *Construction of identity among women with learning disabilities: The many faces of the self*. Unpublished doctoral dissertation, University of Georgia, Athens, GA.

Fine, M. (1994). Working the hyphens: Reinventing self and other in qualitative research. In N. Denzin & Y. Lincoln (Eds.), *Handbook of Qualitative Research* (pp. 70–82). Thousand Oaks, CA: Sage.

Flower-Kim, K. (2005). *We are family: Trans-racial adoption and the work of assembling and practicing family (Korea)*. Unpublished doctoral dissertation, Syracuse University, Syracuse, NY.

Foley, D. (1990). *Learning capitalist culture*. Philadelphia: University of Pennsylvania Press.

Geer, B. (1964). First days in the field. In P. Hammond (Ed.), *Sociologists at work* (pp. 372–398). New York: Basic Books.

Geertz, C. (1995). *After the fact*. Cambridge, MA: Harvard University Press.

Goodall, H. L., Jr. (2000). *Writing the new ethnography*. Walnut Creek, CA: AltaMira Press.

Gregory, K. (2003). *The everyday lives of sex workers in the Netherlands*. Unpublished doctoral dissertation, Syracuse University, Syracuse, NY.

Gupta, A., & Ferguson, J. (1997). Discipline and practice: "The field" as a site, method, and location in anthropology. In A. Gupta & J. Ferguson (Eds.), *Anthropological locations* (pp. 1–46). Berkeley: University of California Press.

Haraway, D. (1988). Situated knowledge: The science question in feminism and the privilege of partial perspective. *Feminist Studies, 14*, 575–599.

Haraway, D. (1991). *Simians, cyborgs and women: The reinvention of nature*. New York: Routledge.

Hemmings, A. (2006). Great ethical divides: Bridging the gap between institutional review boards and researchers. *Educational Researcher, 35*(4), 12–18.

Herrera, C. D. (1999). Two arguments for "covert methods" in social research. *British Journal of Sociology, 50*(2), 331–343.

Hertz, R. (Ed.). (1997). *Reflexivity and voice*. Thousand Oaks, CA: Sage.

Hochschild, A. (1983). *The managed heart*. Berkeley: University of California Press.

Johns, M., Chen, S. S., & Hall, J. (Eds.). (2004). *Online social research*. New York: Peter Lang.

Jones, J. (1993). *Bad blood: The Tuskegee syphilis experiment*. New York: Free Press.

King, S. (2002). *On writing*. New York: Pocket Books.

Kliewer, C. (1995). *The social representation of children with Down syndrome: An interpretive analysis*. Unpublished doctoral dissertation, Syracuse University, Syracuse, NY.

Ladson-Billings, G. (2003). It's your world, I'm just trying to explain it: Understanding our epistemological and methodological challenges. *Qualitative Inquiry, 9*(1), 5–12.

Lareau, A. (1989). *Home advantage*. London: Falmer.

Lareau, A., & Shultz, J. (Eds.). (1996). *Journeys through ethnography*. Boulder, CO: Westview.
Lather, P., & Smithies, C. (1997). *Troubling the angels*. Boulder, CO: Westview Press.
Lesko, N. (2001). *Act your age!* New York: Routledge Falmer.
Lincoln, Y., & Denzin, N. (2003). The seventh moment: Out of the past. In N. Denzin & Y. Lincoln (Eds.), *The landscape of qualitative research* (2nd ed., pp. 611–640). Thousand Oaks, CA: Sage.
Luschen, K. (2005). *Empowering prevention? Adolescent female sexuality, advocacy, and schooling*. Unpublished doctoral dissertation, Syracuse University, Syracuse, NY.
Mangram, J. (2006). *Struggles over meaning: Social studies teachers' perspectives of media and popular culture*. Unpublished doctoral dissertation, Syracuse University, Syracuse, NY.
Marcus, G. (1998). *Ethnography through thick and thin*. Princeton, NJ: Princeton University Press.
McGowan, K. (2001). *Rinsing off the soap: Cultural hierarchy and the search for legitimacy in daytime drama production*. Unpublished doctoral dissertation, Syracuse University, Syracuse, NY.
Mills, C. W. (1959). *The sociological imagination*. New York: Oxford University Press.
Mischler, E. (1979). Meaning in context: Is there any other kind? *Harvard Educational Review, 49*(1), 1–19.
Mitford, J. (1979). *Poison penmanship*. New York: Random House.
Nathan, R. (2005a, July 29). An anthropologist goes undercover. *The Chronicle of Higher Education, 51*.
Nathan, R. (2005b). *My freshman year: What a professor learned by becoming a student*. Ithaca, NY: Cornell University Press.
Nelson, L. W. (1996). "Hands in the chit'lins": Notes on native anthropological research among African American women. In G. Etter-Lewis & M. Foster (Eds.), *Unrelated kin: Race and gender in women's personal narratives* (pp. 183–199). New York: Routledge.
Reverby, S. (Ed.). (2000). *Tuskegee's truths*. Chapel Hill: University of North Carolina Press.
Richardson, L. (2000). New writing practices in qualitative research. *Sociology of Sport, 17*: 5–20.
Richardson, L. (2003). Writing, a method of inquiry. In N. Denzin & Y. Lincoln (Eds.), *Collecting and interpreting qualitative materials* (2nd ed., pp. 499–541). Thousand Oaks, CA: Sage.
Riley, R. (2000). *Hidden soldiers: Gender, militarism and the discourse of defense*. Unpublished doctoral dissertation, Syracuse University, Syracuse, NY.
Rist, R. C. (1980). "Blitzkrieg ethnography": On the transformation of a method into a movement. *Educational Researcher, 9*(2), 8–10.
Rubin, H., & Rubin, I. (1995). *Qualitative interviewing*. Thousand Oaks, CA: Sage.
Schwartz, M. (2006). *Communication in the doctor's office: Deaf patients talk about their physicians*. Unpublished doctoral dissertation, Syracuse University, Syracuse, NY.

Smith, D. (1987). *The everyday world as problematic*. Boston: Northeastern University Press.

Smith, D. (1990). K is mentally ill. In Smith, *Texts, facts and femininity* (pp. 12–51). London: Routledge.

Smith, D. (2005). *Institutional ethnography: A sociology for people*. Lanham, MD: AltaMira Press.

Smith, L. (1999). *Decolonizing methodologies*. London: Zed Books.

Solomon, B. (1999). *An illusion of difference: Reconstituting women on welfare into the working poor*. Unpublished doctoral dissertation, Syracuse University, Syracuse, NY.

Solorzano, D., & Yosso, T. (2002). Critical race methodology: Counter-storytelling as an analytical framework for education research. *Qualitative Inquiry, 8*(1), 23–44.

Steet, L. (1993). *Teaching orientalism in American popular education: National Geographic, 1888–1988*. Unpublished doctoral dissertation, Syracuse University, Syracuse, NY.

Strunk, W., & White, E. B. (2000). *The elements of style* (4th ed.). New York: Longman.

Swaminathan, R. (1997). *"The charming sideshow": Cheerleading, girls' culture and schooling*. Unpublished doctoral dissertation, Syracuse University, Syracuse, NY.

Taylor, S. (2006). Personal communication.

Thomas, W. I. (1923). *The unadjusted girl*. Boston: Little, Brown.

Thorne, B. (1993). *Gender play*. New Brunswick, NJ: Rutgers University Press.

Van Maanen, J. (1988). *Tales of the field*. Chicago: University of Chicago Press.

Villenas, S. (1996). The colonizer/colonized Chicana ethnographer: Identity, marginalization, and co-optation in the field. *Harvard Educational Review, 66*(4), 711–731.

Waldron, L. (2002). *In the wake of Columbine: How youth make meaning of violence, schooling and the media*. Unpublished doctoral dissertation, Syracuse University, Syracuse, NY.

Watson, C. W. (Ed.). (1999). *Being there*. London: Pluto Press.

Wexler, D. (2003). *Shifting pedagogies: Intersections of computer supported technologies, education and power*. Unpublished doctoral dissertation, Syracuse University, Syracuse, NY.

Wolf, D. (Ed.). (1996). *Feminist dilemmas in fieldwork*. Boulder, CO: Westview.

Zuckerman, J. B. (2001). *Queering the life of a progressive, urban elementary school: Genealogical ghost stories*. Unpublished doctoral dissertation, Teachers College, Columbia University, New York.

资料指南

质性研究方法入门

Bogdan, R., & Biklen, S. (2007). *Qualitative research for education* (5th ed.). Boston: Allyn & Bacon.

Denzin, N., & Lincoln, Y. (2003). *Collecting and interpreting qualitative materials* (2nd ed.). Thousand Oaks, CA: Sage.

Emerson, R., Fretz, R., & Shaw, L. (1995). *Writing ethnographic fieldnotes.* Chicago: University of Chicago Press.

Taylor, S., & Bogdan, R. (1998). *Introduction to qualitative research methods* (3rd ed.). New York: Wiley.

访 谈

Briggs, C. (1986). *Learning how to ask.* Cambridge, England: Cambridge University Press.

Hollway, W., & Jefferson, T. (2000). *Doing qualitative research differently: Free association, narrative, and the interview method.* London: Sage.

Mishler, E. (1986). *Research interviewing: Context and narrative.* Cambridge, MA: Harvard University Press.

Rubin, H., & Rubin, I. (2005). *Qualitative interviewing: The art of hearing data.* Thousand Oaks, CA: Sage.

写 作

Becker, H. (1986). *Writing for social scientists*. Chicago: University of Chicago Press.
Krieger, S. (1991). *Social science and the self*. New Brunswick, NJ: Rutgers University Press.
Van Maanen, J. (1988). *Tales of the field: On writing ethnography*. Chicago: University of Chicago Press.
Richardson, L. (1994). Writing: A method of inquiry. In N. Denzin & Y. Lincoln (Eds.), *Handbook of Qualitative Research* (pp. 516–529). Thousand Oaks, CA: Sage.

基于质性研究博士论文改编出版的相关著作

（已提供作者全名，方便大家在论文摘要数据库中进行检索）

Best, Amy. (2000). *Prom night*. New York: Routledge.
Bettie, Julie. (2003). *Women without class*. Berkeley: University of California Press.
Gregory, Katherine. (2005). *The everyday lives of sex workers in the Netherlands*. New York: Routledge.
Linneman, R. Daniel. (2001). *Idiots: Stories about mindedness and mental retardation*. New York: Peter Lang.
Kliewer, Chris. (1998). *Schooling children with Down syndrome*. New York: Teachers College Press.
Linden, R. Ruth. (1993). *Making stories, making selves*. Columbus: Ohio State University Press.
Oyler, Celia. (1996). *Making room for students*. New York: Teachers College Press.
Perry, Pamela. (2002). *Shades of white: White kids and racial identity in high school*. Durham, NC: Duke University Press.
Steet, Linda. (2000). *Veils and daggers*. Philadelphia: Temple University Press.

部分以质性研究方法为主要领域的学术期刊

International Journal of Qualitative Studies in Education (QSE)
Qualitative Sociology
Journal of Contemporary Ethnography
Qualitative Inquiry
Studies in Symbolic Interaction
Field Methods
Ethnography and Education

质性研究方法相关网站

http://www.qualitative-research.net/fqs/fqs-eng.htm. (Forum Qualitative Social Research [FQS])
http://www.qsrinternational.com/
http://www.audiencedialogue.org/soft-qual.html
http://www.intute.ac.uk/socialsciences/cgi-bin/browse.pl?id=120997 (papers on all aspects of qualitative methods)
http://wings.buffalo.edu/soc-sci/sociology/.SGSA/qrls.html (source for qualitative listserves)
http://www.uga.edu/squig/listservs.html (source for qualitative listserves)

话语、种族、主体性、政治性和质性研究方法

Collins, P. H. (1990). *Black feminist thought*. New York: Routledge.
Denzin, N., & Lincoln, Y. (Eds.). (2003). *The landscape of qualitative research*. Thousand Oaks, CA: Sage.
DeVault, M. (1999). *Liberating method: Feminism and social research*. Philadelphia: Temple University Press.
Hertz, R. (Ed.). (1997). *Reflexivity and voice*. Thousand Oaks, CA: Sage.
Marcus, G., & Fischer, M. (1986). *Anthopology as cultural critique*. Chicago: University of Chicago Press.
Twine, F., & Warren, J. (Eds.). (2000). *Racing research, researching race*. New York: New York University Press.
Wolf, D. (Ed.). (1996). *Feminist dilemmas in fieldwork*. Boulder, CO: Westview Press.

多种质性研究方法

Campbell, M., & Gregor, F. (2004). *Mapping social relations: A primer in doing institutional ethnography*. Walnut Creek, CA: AltaMira Press.

DeVault, M., & McCoy, L. (2002). Institutional ethnography: Using interviews to investigate ruling relations. In J. Gubrium & J. Holstein (Eds.), *Handbook of interview research* (pp. 751–756). Thousand Oaks, CA: Sage.

Johns, M., Chen, S., & Hall, G. (Eds.). (2004). *Online social research*. New York: Peter Lang.

Linde, C. (1993). *Life stories*. New York: Oxford University Press.

Prosser, J. (Ed.). (1998). *Image-based research: A sourcebook for qualitative researchers*. London: Falmer Press.

观点：建构主体性—客体性之间的关系

Berger, P., & Luckmann, T. (1967). *The social construction of reality*. Garden City, NJ: Doubleday.

Clifford, J., & Marcus, G. (Eds.). (1986). *The predicament of culture*. Berkeley: University of California Press.

Haraway, D. (1991). Situated knowledges: The science question in feminism and the privilege of partial perspective. In Haraway, *Simians, cyborgs, and women* (pp. 183–201). NY: Routledge.

非传统质性研究方法

Clair, R. P. (Ed.). (2003). *Expressions of ethnography: Novel approaches to qualitative methods*. Albany: State University of New York Press.

Denzin, N. (2003). *Performance ethnography*. Thousand Oaks, CA: Sage.

Ellis, C., & Bochner, A. (Eds.). (1996). *Composing ethnography: Alternative forms of qualitative writing*. Walnut Creek, CA: AltaMira Press.

Lincoln, Y., & Denzin, N. (2003). *Turning points in qualitative research*. Walnut Creek, CA: AltaMira Press.

索 引[*]

Abu-Lughod, Lila, 28
Acknowledgments, 9
Active voice, 101–2
Advice
  and coming up with ideas, 16
  conflicting, 3
  from dissertation committees, 31, 64
  about IRBs, 49–50
  kinds of, 2
  neutral, 2–3
  about nontraditional dissertations, 122
  and qualities of good dissertations, 16
  sources for, 2
  and thinking about dissertations, 2–4
Advisors, 33–35
  as advocates, 41
  characteristics of good, 33
  choosing, 34
  collaboration with, 35
  conflict with, 35, 39
  criticism from, 41
  and defense of dissertations, 41, 105, 107, 109, 113, 114–15
  expectations of, 34
  importance of, 32
  as members of dissertation committees, 30
  for nontraditional dissertations, 120, 121
  and organization of dissertation, 65
  power of, 34, 35
  and proposals, 65
  relationship with, 1, 30, 31, 33–35, 36, 39
  and reliable narrators, 71
  as source of support, 98, 114–15
  and status hierarchy, 35
  and working styles, 34
  and writing the dissertation, 89, 100
Alcoff, L., 119
Analysis
  as component of good dissertations, 1
  criticism of, 40
  and dissertation committee as audience, 32
  historical, 11
  and nontraditional dissertations, 118, 119
  and proposals, 55, 64
  qualitative content, 6
  and qualities of good dissertations, 11, 14–15
  and relationship with advisors, 33
  textual, 11, 66–67
Anxiety, about defense, 113–15
Arguments
  and chapters of dissertations, 82–84
  and conclusion, 87
  definition of, 25–26
  forms of, 26–29
  making, 25–26, 77
  and organization of data, 85
  and qualities of good dissertations, 25–29
  and relationship with advisors, 33
  stating, 82–84

133

---

[*] 索引页码为原著页码，即本书边码。

Atkinson, P., 32, 81
Audience
　and conclusion, 87
　dissertation committee as, 31–32
　expectations of, 72, 73
　and introduction, 72, 73, 76
　and narrative authority, 21
　and nontraditional dissertations, 118, 120, 121
　and organization of chapters, 70
　and proposals, 57, 58, 67
　and reliable narrators, 71
　and thinking about dissertations, 6–7
　trust in, 91
　and what makes good dissertations, 29
　and writing the dissertation, 91, 95
　writing group as, 93
Authentication, 24
Authority
　and chapters of dissertation, 70
　of dissertation committees, 113
　and IRBs, 48
　of narrators, 21–25, 70–71, 73
　and nontraditional dissertations, 121
Auto-ethnography, 31, 32, 117–22

Banks, Cerri, 28, 60–61, 62–63
Bannister, J., 86
Becker, Howard, 91, 95, 101
Best, Amy, 27, 74–75
Big issues, 56, 58–62, 121
Biklen, S., 1, 16, 24, 26, 31, 101, 102
Biographies, 5
Biomedical research, 44, 45
Blatt, Burton, 43
Bogad, Lesley, 11, 74, 83
Bogdan, Robert, 1, 12, 26, 31, 66
Bourdieu, Pierre, 28, 62–63, 111, 112
Brenda (case study), 11–12, 14
Brown, M. A., 26
Bureaucracy, and IRBs, 48

Campbell, M., 5
Career paths, 120–21
Casella, R., 11, 84, 102
Categories, arguments that lay out, 26
Chapters
　functions of, 69
　order for writing, 70
　See also specific chapter

Chen, S. S., 6, 117
Chicago School approach, 5, 31, 32
Chronological organization, 84–85
Clair, R. P., 119, 121
Classificatory organization, 85–86
Coffey, A., 32, 81
Commitment, importance of, 89
Committees, dissertation
　as audience, 7, 31–32
　authority of, 113
　and conclusion, 87
　conflicts with, 37–39
　criticisms from, 37–39, 40–42
　and defense of dissertations, 105–15
　diversity within, 41
　expectations of, 7, 32, 40, 108, 111, 113
　functions of, 30–31
　importance of, 1, 7
　and interdisciplinary dissertations, 18, 19
　members of, 30
　and narrative authority, 21
　and nontraditional dissertations, 119
　and organization of dissertation, 65
　and power relationships, 19, 34, 36–37
　and proposals, 55, 64, 65, 68
　and qualities of good dissertations, 12, 18, 19, 21
　relationships among members of, 19, 31, 36–37
　and reliable narrators, 71
　and reputation of schools, 31
　and standards, 30–31
　thinking about, 41–42
　working with, 34, 36–37
　and writing the dissertation, 100
Common sense, and introduction, 74–75
Concluding section, of proposals, 65–66
Conclusion, of dissertation, 4, 25, 69, 87–88
Conferences, 19, 20, 90
Confidentiality, 118
Consent forms, 47–48
Context
　for doing dissertations, 116–17
　importance of, 3
Continuum organization, 86–87
Covert research, 46–47
Credibility, 120–21

Critical race theory, 5–6, 31, 32, 39, 60–61, 121, 122
Criticism
 from advisors, 41
 and defense of dissertations, 108
 definition of, 40
 frustration from, 41–42
 and relationship with dissertation committees, 37–39, 40–42
 thinking about, 40–41
Critique, and literature review, 78
Cultural capital, 62–63, 89, 91–92
Cultural currency, 21
Cultural location, 21
Current social problems, 74

Data-type organization, 84
Data/data chapters, 82–87
 arguments that foreground theoretical frame for, 28
 as component of good dissertations, 1
 connection of theory and, 112
 criticism of, 40
 and defense of dissertations, 112
 and dissertation committee as audience, 32
 and forms of argument, 27, 28
 function of, 46, 69, 70
 importance of, 25, 82
 and IRBs, 46
 and making arguments, 25
 and nontraditional dissertations, 118, 119, 120
 and organization of dissertations, 4
 organization of, 84–87
 and proposals, 55, 64, 67–68
 and qualities of good dissertations, 12, 13, 14–15, 25, 27, 28
 questions about, 82
 and questions about proposals, 66–67
 and relationship with advisors, 33
 and reliable narrators, 71
 rich, 13
 and social location, 15
 and writing the dissertation, 103–4
 See also Analysis
Davis, J., 103
De Andrade, L., 81, 118
Defense, dissertation, 31, 105–15
 anxiety about, 113–15
 chair of, 106–7
 definition and description of, 106–9
 length of, 107–8
 open-stance during, 111–13, 115
 opening presentation at, 107–9
 "passing" the, 106
 as performance, 110–15
 preparation for, 109–10
 role of advisors during, 41
Delamont, S., 32, 81
Denzin, N., 1, 121
Descriptive dissertations, 5
DeVault, M., 5, 79, 117, 122
Direct approach, in introduction, 73
Dissertations
 as certification, 9
 chapters/structure in, 4, 55, 69–88
 context for, 116–17
 defense of, 105–15
 definition of, 12–15
 examples of, 10–12
 forms of, 4–5
 organization of, 4, 25, 26–29, 64–65
 oversimplification of process for doing, 89
 politics of, 1, 53, 113, 118–19
 purposes of, 41–42
 qualities of good, 9–29
 thinking about, 1–8
 See also specific topic
Dodd, Janet, 74
Drafts, 40, 70, 73, 90–91, 93, 100, 106
Duncan, G. A., 6, 32, 121

Edgar, A., 23
Ellis, Carolyn, 32, 121
Emergent design, 48
Environment, and what makes dissertations good, 9
Esposito, Jennifer, 83
Ethics, 50–51. *See also* Human subjects
Ethnographic present, 102–3
Ethnography/ethnographers, 5, 46, 81, 117, 118–19. *See also* Autoethnography
Events, and forms of dissertations, 4
Exempt research, 47–48, 49
Expectations
 of advisors, 34
 of audience, 72, 73
 and data chapters, 82

Expectations (*continued*)
  of dissertation committees, 7, 32, 40, 108, 111, 113
  and methods/procedures, 80–81
Explication, 78

Farrell, Kathleen, 57–58
Federal guidelines, and IRBs, 45, 46
Feminism/feminist methods, 5, 39, 119, 121
Ferguson, J., 118
Ferri, Beth, 119
Fieldwork/notes
  and introduction, 75
  and IRBs, 46
  and nontraditional dissertations, 121
  and proposals, 55–56, 62, 67
  and questions about proposals, 66–67
  and what makes dissertations good, 12
  and writing the dissertation, 103–4
Fine, M., 121
Flower-Kim, K., 86
Foley, Doug, 23
Foster, S., 26
Frustrations, 37–39, 41–42, 94, 101

Geer, B., 13
Geertz, Clifford, 103
Goals, and what makes dissertations good, 29
Goodhall, H. L. Jr., 117
Gregor, F., 5
Gregory, K., 73
Gupta, A., 118

Hall, J., 6, 117
Haraway, D., 21, 119
Hemmings, A., 46
Herrera, C. D., 47
Hertz, R., 121
Historical opening, in introduction, 73–74
Hochschild, A., 29
Human subjects
  balancing ethics and strategy concerning, 50–51
  protection of, 43–54

Ideas
  coming up with, 15–17
  as component of good dissertations, 1
  conceptualizing, 25
  criticism of, 40
  and making arguments, 25
  and qualities of good dissertations, 12, 15–17
  and social location, 15
Identity
  and nontraditional dissertations, 118–19, 120–21
  of researcher, 118–19
Independent studies, 20, 68
Informants
  anonymous, 49
  confidentiality of, 118
  and informed consent, 50
  and methods/procedures, 63–64
  and nontraditional dissertations, 118–19, 121
  oral consent of, 46
  and proposals, 63–64, 67
  refusal to participate by, 45
  relationship of researcher and, 118–19, 121
  vignettes of, 75–76
  See also Fieldwork/notes; Participant observation
Informed consent, 50
Institutional ethnography, 5, 117
Institutional Review Boards (IRBs)
  advice about, 49–50
  appeals of decisions of, 50
  and balancing ethics and strategy, 50–51
  different types of, 44–45
  expedited reviews by, 47–48
  and federal guidelines, 45, 46, 49, 50, 51, 52, 54
  full board reviews by, 47–48
  functions of, 43, 44–45
  getting approval from, 51–54
  impetus for, 44
  and interdisciplinary dissertations, 19
  members of, 45
  navigating policies of, 45–47
  power of, 50
  and proposals, 45
  responses by, 50–51, 53
  standard forms for review by, 47–49
  getting approval from, 51–54
  and voluntary compliance, 47

Interdisciplinary dissertations, 17–21, 63, 79–80
Interpretive projects, 5–6
Interviews, 11, 49, 117
Introductions
 and conclusion, 88
 and current social problems, 74
 direct approach in, 73
 to dissertations, 4, 25, 69, 70, 71–76, 88
 function of, 69, 70
 historical opening of, 73–74
 importance of, 72
 length of, 72
 and making an argument, 25
 to proposals, 56, 67
 and purpose of study, 73
 and relationship between proposals and dissertations, 55
 and reliable narrators, 71

Johns, M., 6, 117
Johns Hopkins University, 45
Jones, J., 44

King, S., 95
Kliewer, Chris, 82, 83–84

Ladson-Billings, G., 6, 32, 121
Lareau, Annette, 22, 23–24, 81
Lather, P., 118
Lesko, Nancy, 28
Lesley (case study), 11, 12, 14
Limitations, of study, 65
Lincoln, Y., 1, 121
"List effect," 77–78
Literature review, 76–78
 critique of, 78
 and defense of dissertations, 110
 description of, 90
 function of, 62, 69, 70, 76–77, 78
 and interdisciplinary dissertations, 20, 63
 and IRBs, 49
 length of, 63
 "list effect" in, 77–78
 about methods/procedures, 79
 and organization of dissertations, 4, 62
 in proposals, 55, 62–63
 questions for, 78
Luschen, Kristen, 28, 59–60, 66, 74

McCoy, L., 117
McGowan, K., 84
Mangram, Jeff, 58–59, 61–62, 94–95
Marcus, G., 28, 84
Meaning making, 3–4, 5
Medical research, 44, 45
Methods/procedures
 as chapter of dissertation, 4, 79–82
 and defense of dissertations, 108
 definition of, 63, 79
 function of, 69
 and IRBs, 45, 49
 literature review about, 79
 and nontraditional dissertations, 116–22
 problems or mistakes with, 80
 and proposals, 55–56, 62, 63–64, 66
 qualitative, 31
 quantitative, 81
 and questions, 63, 79, 80–81
 and significance of studies, 66
 and standards, 31
 and structure of dissertation, 55–56
Mills, C. W., 5, 62
Mischler, Eliot, 3
Mitford, J., 95
Models
 for interdisciplinary dissertations, 20
 See also Role models
Motivation, 2

Narratives, and nontraditional dissertations, 116–22
Narrators
 authority of, 21–25, 73
 reliable, 70–71
 role of, 71
 styles of, 21
Nathan, Rebekah (pseud.), 46–47
Nelson, L. W., 81, 118
Nontraditional dissertations, 116–22

Observation
 participant, 46, 49–50, 75–76
 public, 49
 structured, 6
Open-minded stance, 111–13, 115
Oral histories, 43, 49

Organization
  of data, 84–87
  of dissertations, 4, 25, 26–29, 64–65
  of proposals, 62–66

Park, Robert, 5, 31
Participant observation
  and IRBs, 46, 49–50
  vignettes about, 75–76
  See also Fieldwork/notes
Passion, 122
Perseverance/persistence, 41, 53, 96–98
Personal life, 1, 2, 33, 89, 98–100
Physicality, 22–23
Politics, of dissertations, 1, 53, 113, 118–19
Postmodernism, 121
Postpositivism, 118–19
Poststructuralism, 118–19
Power
  of advisors, 34, 35
  and dissertation committees, 19, 34, 36–37
  of IRBs, 50
Problem
  statement of, 56–62
  See also Studies; Topics
Projects
  specific, 61–62
  See also Studies; Topics
Proposals
  and big issues, 61–62
  concluding section of, 65–66
  and difficulties and complications of projects, 67
  and dissertation committees, 55, 64, 68
  dissertations' relationship to, 55
  examples of, 58–61
  functions of, 55, 56
  introduction to, 67
  and IRBs, 45
  length of, 55, 56
  and limitations of studies, 65
  and methods/procedures, 63–64, 66
  organization of, 62–66
  and purpose of study, 56–62
  qualitative, 55–68
  questions about, 66–68
  and significance of studies, 65–66
  and specific projects, 61–62
  and statement of problem, 56–62

structure of, 55
and writing dissertations, 70
Public exposure, significance of, 90–91
Public observation, and IRBs, 49
Publication, 9, 19, 41
Purpose of study, 56–62

Qualitative content analysis, 6
Qualitative studies. *See specific topic*
Quantitative methods/procedures, 81
Questions
  arguments that answer, 27
  broad, 12–13
  and data chapters, 82
  and defense of dissertations, 107, 109, 112, 113
  and definition of qualitative dissertations, 4
  examples of possible, 4
  and forms of dissertations, 6
  for literature review, 78
  and methods/procedures, 63, 79, 80–81
  narrow, 13
  and nontraditional dissertations, 117, 120
  open-ended, 4, 6
  and proposals, 61–62, 64, 66–68
  and purpose of study, 61–62
  and qualities of good dissertations, 12–13, 27
  and significance of studies, 65–66
  and statement of problem, 56

Reflexivity, 121
Reliable narrators, 70–71
Research. *See* Studies; Topics
Reverby, S., 44
Revisions, 35, 36, 37–39, 41, 114–15
Rhetoric, and narrative authority, 23–24
Richardson, L., 121–22
Riley, R., 4
Risks, 47–48, 51, 115
Rist, R. C., 22
Role models, 95, 98
Ronnie (case study), 10–11, 12
Rubin, H., 1
Rubin, I., 1

Sarason, Seymour, 16
Schedules, and writing the dissertation, 94, 96, 99–100

索 引

Schools, reputation of, 31
Schwartz, M., 28
Sedgwick, P., 23
Self, and nontraditional dissertations, 117–22
Self-confidence, 89, 91–92, 113
Self-discipline, 1, 89, 94–95, 96–98, 100–101
Self-doubts, 96–97
Shultz, J., 22
Smith, Dorothy, 5, 28, 32
Smith, L., 77, 113
Smithies, C., 118
Social location, 15, 21, 58, 60, 64, 89, 121
Social science research, 45, 48, 117–22
Social structure, 5
Solomon, B., 12, 82, 85
Solorzano, D., 6, 32
Specific projects, 61–62
Standards, and dissertation committees, 30–31
Status hierarchy, 35
Street, Linda, 63
Structured observations, 6
Strunk, W., 95, 101
Studies
 difficulties and complications of, 67
 framing, 17
 limitations of, 65
 need for further, 87
 purpose of, 56, 73
 and questions about proposals, 67–68
 significance of, 65–66
 See also Topics
Support groups. *See* Writing groups
Surveys, 49
Swaminathan, R., 27
Syracuse University
 Blatt's studies at, 43
 defense of dissertations at, 107
 dissertation committees at, 30, 107
 human subject research at, 43, 45, 49, 50, 51

Taylor, Steve, 46, 48, 66
Temporality, 22–23
Textual analysis, 11, 66–67
Thematic organization, 84
Theory/theorizing
 connection of data and, 112
 and forms of argument, 28

and making an argument, 25
and narrative authority, 23
and purpose of dissertation, 41
and qualities of good dissertations, 15
Thomas, W. I., 105
Thorne, B., 81
Timeliness, 24–25
Titles, 5
Topics
 approach to, 27–28
 arguments concerning, 27–29
 as component of good dissertations, 1
 conceptulization of, 27–29
 controversial, 1
 and forms of argument, 27–28
 multiple perspectives on, 28–29
 politics of, 1
 and proposals, 55
 and qualities of good dissertations, 12–13, 27–29
 worth of, 27
 See also Studies
Trust, 33, 35, 39, 70, 91, 94
Tuskegee experiment, 44

University of Chicago, 5, 31
University of Pennsylvania, 45
University of Wisconsin, 44

Van Maanen, J., 21, 121
Vignettes, in introduction, 75–76
Villenas, S., 118
Vocabulary, 121
Voice, 72, 116

Wacquant, L., 112
Waldron, Linda, 74, 86
Watson, C. W., 22
White, E. B., 95, 101
Wolf, D., 22
Writers. *See specific topic*
Writing, 89–104
 good, 14
 mechanics and style of, 14, 21, 23, 72, 95, 96, 98–100, 101–4
 and narrative authority, 21–25
 of nontraditional dissertations, 120, 122
 and order for writing chapters, 70
 and perseverance, 96–98
 proposals as guides for chapters, 70

139

193

Writing (continued)
   and public exposure, 90–91
   and qualities of good dissertations, 14, 21–25
   quality of, 72
   role models for, 95, 98
   and support groups, 20, 90, 92–94
   time for, 98, 100–101
   and what to write first, 70
Writing groups, 20, 90, 92–94

Yosso, T., 6, 32

Zuckerman, J. B., 117–18

作者简介

萨莉·诺普·比克伦是劳拉和道格拉斯·梅瑞狄斯教授，也是雪城大学教育文化理论研究系的系主任，与罗伯特·博格丹合著有《质性教育研究》（2007年第五版）一书，独著《学校工作：性别与教学的文化建构》（1995），并编辑出版过几本论文集。她曾任美国大学妇女协会的大学研究员，并且主持流行文化与教育研究所的工作。她在《质性研究》《教师学院记录》《教育质性研究》《教育史评论》《教师教育季刊》《教育研究》等期刊上发表过多篇文章，研究领域包括质性研究方法、性别与表征、多元文化、流行文化与青少年等；曾因在妇女研究方面的卓越贡献，而荣获美国教育研究协会授予的维里斯汀·顾素尔奖。

罗尼·卡塞拉是中康涅狄格州立大学教育学副教授，兼任南非约翰内斯堡威特沃特斯兰德大学的研究员，著有《把我们打造成铜墙铁壁：推广校园使用的技术安全设备》一书。

他在《质性教育研究国际期刊》《人类学与教育季刊》《社会公正》《教师学院记录》《城市评论》等刊物上发表过多篇文章。他于 2006 年在威特沃特斯兰德大学进行访学,研究约翰内斯堡和索维托两地的学校和青少年暴力问题。他教授比较与国际教育、教育社会学和质性研究等课程,撰文探讨过青少年与学校暴力、全球背景下的教育、学校与私立机构、非营利性机构和社区组织之间的关系等问题。他本科就读于纽约大学,获得英语教育专业的学士学位,后就读于雪城大学,获得文化基础理论研究的博士学位,博士论文研究的是专门安排拉丁美洲教育类旅游的机构。萨莉·比克伦是其论文委员会的主席。

译后记

　　作者萨莉·诺普·比克伦是我在美国雪城大学攻读博士学位时的导师，也是我的论文答辩委员会主席。萨莉撰写此书期间，我已基本修完专业课程开始论文写作。萨莉的研究兴趣跟我的论文题目并不直接相关，但这丝毫不影响她在论文选题、研究设计和整个实施过程中对我的指导，当然最重要的还是在方法论方面的引导和启发。那段现在回想起来颇有些师徒制特色的学术训练时光也是书中前八章呈现的主要内容，与杜威"从做中学"的理念倒是不谋而合的。

　　质性研究进入中国学界的视野应归功于以北京大学陈向明教授为代表的前辈学者们的实践和推动。我个人最早接触质性研究是在19年前。当时我还是北京师范大学教育系的学生，因缘际会之下，我参加了导师史静寰教授的课题，从而对这种"以人为本"的研究方法产生了浓厚的兴趣。到雪城大学以后，虽然归属于教育学院，但因为专业的跨学科性和理论的共通性，我常常到社会学、人类学、性别研究、公共管理甚至宗教等院系修课，更多地从本体论、认识论和方法论的角度学习绘制自己的理论知识图谱。很有幸地，当时质性研究方法系列课程的授课老师就是鲍勃和萨莉，他们合写的关于教育质性研究的论著被学生们戏称为质性研究的"红宝书"，而两位学者丰富的田野研究经验常常能使原本平淡无奇的主题变得十分生动活泼、发人深省。

作为质性研究的学习者和实践者，我个人受益良多，比如习惯从微观的角度观察社会现象，会更加关注与弱势群体和特定文化群体有关的情景和主题，在田野研究中更注重探究研究对象（信息提供者）具体的生活和经验、观点和感受，会不断有意识地检视自身作为研究者的立场，尽量摒弃先入为主的观念，着重研读和分析访谈誊录、观察记录和文本资料，归纳和解释研究对象的意义建构过程。在质性研究中，研究者不再居高临下占据主导地位，而是与研究对象的关系更趋于平等，通过良性互动去挖掘对方在自然情景下内心最真实、最深刻的想法。

书中关于质性研究论文写作规范的阐述虽然以西方学术传统为背景，但对于建立本土化的学术规范标准和体系仍有非常重要的借鉴意义和现实意义。以第四章中的伦理审查委员会为例，这个对国内研究人员可能还比较陌生的机构，在美国的高校和研究机构中却是重量级的常设单位，直接表现为，所有涉及人类参与者的研究都必须通过该委员会的批准后方能开展。而在国内，除了生物医学类，一般情况下人文社科类的研究基本不要求经过任何正式的伦理审查，很大程

译后记

度上仅仅依赖于研究者个人的专业素养和道德良心来进行自我约束，研究参与者的基本权益是否及多大程度上能得到保障无法确定，更遑论促进对方福祉了，其中的风险可想而知。令人欣喜的是，国内学界和政府已经逐渐认识到加强伦理道德建设对于科学研究的重要性。不少高校开始加大肃清学术不端行为和论文审查力度。中共中央办公厅、国务院办公厅于2019年6月11日印发了《关于进一步弘扬科学家精神加强作风和学风建设的意见》，明确提出"高等学校、科研机构、企业等单位要建立健全科研诚信审核、科研伦理审查等有关制度"。可见虽然国内外学术环境和文化存在差异，但是如何结合我国人文社科领域研究的特点，建立适合我国国情的学术治理架构和分类审查机制，已成为目前亟须解决的问题之一，希望这本书的出版能为相关政策的落地及时提供一些思路。

在此要非常感谢社会科学文献出版社，让我有这个宝贵的机会成为导师论著的译者。当我逐字逐句在电脑上输入翻译内容时，脑海中会不时闪现萨莉一边说话一边嘴角微微上翘的招牌笑脸，她那爽朗的笑声似乎还在空气中回荡。本书的出版得到了江西财经大学人文学院尹忠海院长和亚太经济与社会研究发展中心诸位专家的大力支持，他们不拘一格，以学科发展为己任的勤恳踏实的作风让我非常钦佩。特别感谢江西省一流专业（社会工作专业）、江西省一流学科统计学（社会统计方向）财政专项资金和国家社科基金青年项目"华裔新生代跨国文化回溯与身份认同研究"（13CSH059）的资助。"行道守真者善,志与道合者大",非常希望有更多研究力量投入质性研究的领域中来,众擎易举,通过更民主和更多元化的知识创造,我们对世界的认识和解读将更接近于本真。

李 庆

2019 年 6 月

图书在版编目(CIP)数据

质性研究论文写作指南 /（美）萨莉·诺普·比克伦 (Sari Knopp Biklen),（美）罗尼·卡塞拉 (Ronnie Casella) 著；李庆译. -- 北京：社会科学文献出版社, 2019.8
（亚太经济与社会发展译丛）
书名原文：A Practical Guide to the Qualitative Dissertation
ISBN 978-7-5201-5371-3

Ⅰ.①质… Ⅱ.①萨… ②罗… ③李… Ⅲ.①社会科学-论文-写作-指南 Ⅳ.①C3-62

中国版本图书馆CIP数据核字（2019）第186152号

亚太经济与社会发展译丛
质性研究论文写作指南

著 者 /	［美］萨莉·诺普·比克伦（Sari Knopp Biklen） 罗尼·卡塞拉（Ronnie Casella）
译 者 /	李 庆
出 版 人 /	谢寿光
责任编辑 /	张 萍
出 版 /	社会科学文献出版社·当代世界出版分社（010）59367004 地址：北京市北三环中路甲29号院华龙大厦 邮编：100029 网址：www.ssap.com.cn
发 行 /	市场营销中心（010）59367081 59367083
印 装 /	北京盛通印刷股份有限公司
规 格 /	开 本：880mm×1230mm 1/32 印 张：6.625 字 数：142千字
版 次 /	2019年8月第1版 2019年8月第1次印刷
书 号 /	ISBN 978-7-5201-5371-3
著作权合同 登 记 号 /	图字01-2019-3641号
定 价 /	68.00元

本书如有印装质量问题，请与读者服务中心（010-59367028）联系

▲ 版权所有 翻印必究